资治通鉴

（精读本）

伍成泉 编著

岳麓書社·长沙

前　言

一

在世界四大文明古国中，只有中华文明是一脉相承的。中国文化的积淀十分深厚，文献典籍浩如烟海，史书汗牛充栋，这都是十分宝贵的精神财富，值得我们珍视。在所有的史籍中，有两部史书尤为突出，一部是以人物为中心的纪传体通史——司马迁的《史记》，另一部是以时间为线索的编年体通史——司马光的《资治通鉴》。它们是我国古代史学史上双峰并峙的两部鸿篇巨制，也是两座无法被跨越的高峰，永远为后人所钟爱，值得我们反复学习。本书就是为《资治通鉴》所作的普及性读物。

司马光(1019—1086)，字君实，号迂叟，陕州夏县(今属山西)涑(sù)水乡人，世称涑水先生，是北宋著名的政治家和史学家；历仕仁宗、英宗、神宗、哲宗四朝，卒赠太师、温国公，谥文正。北宋神宗时，王安石以“天变不足畏，祖宗不足法，人言不足恤”的勇气力主变法，试图改变北宋积贫积弱的局面，却遭到朝中守旧势力的激烈反对，司马光就是这些反对者的典型代表。熙宁三年(1070)，司马光自请离京，次年带着他的书局退居洛阳。经过19年的苦心钻研，司马光终于主持编写出这部前所未有的不朽巨著，并于元丰七年(1084)上呈朝廷。神宗皇帝认为该书“鉴于往事，有资于治道”，故赐名《资治通鉴》。司马光政治上的不得志，反倒成就了这部鸿篇巨制，使得其名垂青史，正所谓“失之东隅，收之桑榆”。作为史学家的司马光，留给我们这么一笔重要的文化遗产，是非常值得我们敬仰和学习的。

《资治通鉴》由集体撰修而成。除了司马光总其大成之外，还有刘恕、刘攽（bān）和范祖禹三人也参与了编修。其中，刘攽主要负责汉代，刘恕负责魏晋南北朝，范祖禹则分管唐代。编撰过程中，司马光首先委托当时的著名天文学家刘义叟考订每年的节气、星象、朔闰等，编成长历；再由参加编撰诸人分别仔细搜集资料，编成“丛目”，隶于各年之下；然后在已有材料上考证异同，删汰重复，编写成“长编”（初稿）；最后由司马光总其成，斟酌取舍，删繁就简，校订史实，润色文字，而成书。此书虽由集体撰修，却文字优美，叙事生动，前后连贯，毫无抵牾之处，好像出自一人之手，这当然与司马光的精心定稿是分不开的。

二

《资治通鉴》是我国历史上第一部编年体通史。编年体是一种古老的史学体裁形式，在春秋时期就已经存在。所谓编年体，就是按照时间先后的顺序编排史事，年经事纬，甚为方便。它有一个通行的名字叫春秋，春秋是四时的代名词，春夏秋冬四时，错举春和秋来指代时间。当时，各诸侯国都采用“春秋”来指代它编写的国史，可惜这些史书都已经亡佚，只有孔子据鲁史删订的《春秋》流传下来，所以，《春秋》就成了它的专称。编年体史书在春秋时期十分兴盛，以《春秋》和《左传》为其典型。然而，后来一度中衰，特别是到了汉代，因司马迁撰写《史记》，创立纪传体这一新的体裁形式，以本纪、世家、列传、表和书等五体相配合，能最大限度地容纳历史信息，后人靡然跟从，这对编年体当然是一个不小的冲击。后来，班固又撰写了《汉书》，改通史为断代，创立纪传体断代史，对后世产生了深远的影响，历代纷纷仿效。魏晋南北朝时期，编年体史再度兴盛，作品很多，可惜因局势动荡，大多没能流传下来。唐代开始设立史馆修史，禁止个人私撰史书，而官修史书专注纪传体，使编年体史再次沉滞。然而随着社会的发展，史籍越来越多，而人的精力有限，希望能一册在手，故实尽知。所以，自唐代以来，汇通就成了一种趋势。在唐代，有刘知幾撰写的《史通》，以系统评述史籍源流与前人修史之得失；杜佑撰写的《通典》，以汇通历代典章制度的沿革变迁。到了宋代，司马光深感历代史籍浩繁，学者难以遍览，于是撮取其要，撰成《资治通鉴》汇通史事，作为统治者设政施治的鉴戒。

该书以编年体通史的形式，将自周威烈王二十三年(前403)至五代后周世宗显德六年(959)十六朝1362年的史事，从头至尾编排，下分十六纪，即《周纪》《秦纪》《汉纪》《魏纪》《晋纪》《宋纪》《齐纪》《梁纪》《陈纪》《隋纪》《唐纪》《后梁纪》《后唐纪》《后晋纪》《后汉纪》《后周纪》，共294卷，300多万字，诚如梁启超所说："亦天地一大文也。"对于分裂割据时期的各政权，则确定一个政权作为正朔，以其年号来纪年，以分统其他各政权之史事。譬如：战国时期，周王室衰微，但依然是天下之共主，理所当然以周为正朔；周赧王五十九年(前256)，秦灭西周，赧王入秦而死，自次年(秦昭襄王五十二年，前255)起，开始以秦王来纪年。三国时期，以曹魏为正朔，以统吴、蜀二国。其余，东晋十六国时期以东晋为正朔；南北朝时期以南朝宋、齐、梁、陈为正朔；五代十国时期以后梁、后唐、后晋、后汉和后周为正朔。不单纯出于史家所谓

"正统"之说,也是为了叙事简明方便,这也是编年体史的一大特点。

《资治通鉴》成书后,在当时引起了很大的反响,形成了一股"通鉴热"。历代学人诵读、研习、注释该书不断,以至形成了一门专门的学问,叫"通鉴学"。其中,以胡三省的贡献最为突出。胡三省(1230—1302),字身之,台州宁海(今属浙江)人。他身处宋元鼎革之际,在颠沛流离中,仍潜心著述,三十年"焚膏油以继晷,恒兀兀以穷年",几易其稿,终于撰成《资治通鉴音注》294卷,注音、训诂、拾遗、辨误,极为详赡,成为我们研读《资治通鉴》的重要参考。

《资治通鉴》的问世,也使编年体史再度勃兴,而且自此长盛不衰。曾经协助司马光修订《资治通鉴》的刘恕,取周烈王二十三年以前史事为"前纪",后周世宗显德六年以后史事为"后纪",组成《资治通鉴外纪》10卷;南宋史家李焘,遵温公旧法,撰写了《续资治通鉴长编》980卷(今存520卷),记北宋九朝史事;又有李心传撰《建炎以来系年要录》,记南宋高宗一朝时事,以接续李焘之《续资治通鉴长编》;又有徐梦莘撰写了《三朝北盟会编》250卷,记录了宋徽宗、钦宗、高宗三朝宋金和战史事;清人毕沅组织人马,又编写了一部《续资治通鉴》,上与《资治通鉴》相衔接,起自宋太祖建隆元年(960),下讫元顺帝至正二十八年(1368),囊括了宋、辽、金、元四代409年的史事;清人夏燮又接续毕书,撰写了《明通鉴》100卷,记有明一代史事;乃至到了当代,还有学者章开沅先生主编了一部《清通鉴》。至此,编年体史也形成了一个完整的序列,与纪传体正史并驾齐驱。

三

《资治通鉴》毕竟有294卷,卷帙浩繁,时间跨度大,所涉史事众多,要想读完一遍也是很不容易的。而且,编年体史按照时间先后编排史事,虽然叙事简洁,且便于了解一代兴亡的大势,但它也有明显的缺点。一、它主要偏重于政治,其他,如人物生平、典章制度和文化等方面的内容相对简略;二、有些史事时间不明确,因此无处可查,只能大致处理,且势必落下一些重要史事;三、也是最为重要的一点,它不以事件为中心,对于一些错综复杂的历史事件,往往隔越数卷,很不集中,翻检起来甚为麻烦。南宋时,有学者袁枢,非常喜欢读《资治通鉴》,对《资治通鉴》的这个缺点很有感触,于是自出新意,辑抄《资治通鉴》。他将《资治通鉴》所叙史事区别门目,以类排纂,总括全书为239个事目,每个事目首尾完整,独立成篇,撰成《通鉴纪事本末》42卷,从而创立了"纪事本末体"这一新的史学体裁形式。它以事件为中心,既没有纪传体史的烦冗,也避免了编年体的隔越,"文省于纪传,事豁于编年",兼有纪传、编年二体的优点,对后世影响极大,明清两代多有仿作。

然而,现在看《通鉴纪事本末》诸篇,仍嫌不够紧凑,似尚有可改进的地方。譬如:"秦灭六国"这一事目,就嫌太大,自周显王七年(前362)一直叙述到秦王政二十六年(前221),时间跨度长达近一个半世纪。如果能在其下进一步细分,增加些细目,如"商鞅变法""合纵连横""秦灭巴蜀""长平之战""荆轲刺秦王"等,各篇自为首尾,又兼顾它们之间的联系,这样,故事性增强,使人读起来就省力得多。笔者研读《资治通鉴》有年,颇有志于重新整合此书,怎奈牵于俗务,一直未能如愿。近接岳麓书社之命,令笔者编一部《资治通鉴》的普及性读物,与笔者之意颇相暗合,故欣然从命。

本书以1956年中华书局版《资治通鉴》标点本为蓝本,参考袁枢的《通鉴纪事本末》，选取故事性强的典型事目38则，起自“三家分晋”，下讫“甘露之变”。每个事目，先叙述故事梗概（间或简要介绍故事发生的背景知识）；然后节选能集中反映故事情节的原文数段，译成现代文，力求浅显易懂；末尾缀以导读，主要介绍该事件的前因后果，以方便读者加深对文章的理解，间或掺杂笔者评史论事的一孔之见，试图从宏观上把握其发展的大势，对读者或有涓埃之助。这些事目，通过导读连缀起来，前后一贯，具体而微，虽说疏阔了些，却也能大致考见1300多年历史发展的大略，开卷有益，自有其价值在。但它毕竟是普及性读物，只能起到抛砖引玉的作用，诸君读后，若感觉不餍，当找《资治通鉴》原书来研读，则笔者的目的也就达到了。

目　录

一、周纪

三家分晋

春秋晚期，控制晋国国政的“六卿”之一的智氏，于公元前458年，联合赵、韩、魏三家灭掉了范氏和中行氏而共分其地，又欲蚕食其他三家的领地。智氏掌门人智襄子（智瑶），有仪表堂堂、精于骑射、才艺双全、能文善辩、坚毅果敢五个优点，却有一个致命的缺点，那就是不讲仁义，刚愎自用，故族人智果很不看好他，认为他若是执掌智氏，智氏宗族一定会灭亡。于是，智果把自己家从整个智氏家族里分出来，另外立了辅氏家族。智襄子当政后，高傲张扬，曾在宴饮时戏侮韩康子及其家相段规。家臣智国劝谏他，要他注意防备，智襄子不以为意，又仗势向韩、魏两家索要土地。韩康子和魏桓子听从了家臣的劝告，接受智襄子的无理要求，各给了智氏一个万户的封地。智襄子尝到甜头，又向赵氏索要蔡和皋狼两邑的土地，被赵襄子断然拒绝。智襄子大怒，率领韩、魏两家甲兵攻打赵家，赵襄子逃到晋阳。智、韩、魏三家围住晋阳，引水灌城，晋阳危在旦夕。在察看水势时，智襄子得意忘形，说：“今天才知道水可以让人亡国！”这句话使魏桓子和韩康子非常寒心，二人暗中达成默契，有了反意。恰好赵襄子派人来拉拢他们，于是一拍即合，赵、韩、魏三家合力灭了智氏，瓜分了智氏的土地。

原文节选

1. 智伯又求蔡、皋狼之地于赵襄子，襄子弗与。智伯怒，帅韩、魏之甲以攻赵氏。

译文

智伯又向赵襄子索要蔡和皋狼两邑的土地，赵襄子不给。智伯发怒，率领韩、魏两家的甲兵攻打赵氏。

2. 三家以国人围而灌之，城不浸者三版；沉灶产蛙，民无叛意。智伯行水，魏桓子御，韩康子骖（cān）乘。智伯曰：“吾乃今知水可以亡人国也。”桓子肘康子，康子履桓子之跗，以汾水可以灌安邑，绛水可以灌平阳也。

译文

智、韩、魏三家率领他们国都的人民包围了赵氏的晋阳城，并引水灌城，晋阳城墙只剩三版（约六尺高）的地方没有被淹；灶没入水中，产生青蛙，可城里的人民没有背叛的意思。智伯乘车在水中行进，魏桓子为他驾车，韩康子站在右边护卫。智伯说：“我今天才知道水可以让人亡国啊！”魏桓子用胳膊肘碰了一下韩康子，韩康子也踩了一下魏桓子的脚背，这是因为汾水可以淹灌魏氏都城安邑（在今山西夏县西北），绛水也可以淹灌韩氏都城平阳（治今山西临汾市西南）。

3. 絺（chī）疵谓智伯曰：“韩、魏必反矣。”智伯曰：“子何以知之？”絺疵曰：“以人事知之。夫从韩、魏之兵以攻赵，赵亡，难必及韩、魏矣。今约胜赵而三分其地，城不没者三版，人马相食，城降有日，而二子无喜志，有忧色，是非反而何?”明日，智伯以絺疵之言告二子，二子曰:“此夫谗人欲为赵氏游说，使主疑于二家而懈于攻赵氏也。不然，夫二家岂不利朝夕分赵氏之田，而欲为危难不可成之事乎!”二子出，絺疵入曰:“主何以臣之言告二子也?”智伯曰:“子何以知之?”对曰:“臣见其视臣端而趋疾，知臣得其情故也。”智伯不悛。絺疵请使于齐。

译文

智家谋士絺疵对智伯说:“韩、魏两家肯定会反叛。”智伯问:“你怎么知道的?”絺疵说:“以人之常情可以推知。我们征调韩、魏两家的军队来围攻赵家，赵家灭亡后，必定轮到韩、魏两家遭难。我们如今约定灭掉赵家之后三分其地，现在晋阳城仅差六尺就被水淹没，城内的人，到了人马相食的地步，破城指日可待。然而韩康子、魏桓子脸上没有喜色，反而一副忧心忡忡的样子，这不是要反叛的迹象又是什么?”第二天，智伯把絺疵的话告诉了韩康子、魏桓子。两人说:“这是那些离间小人想为赵家游说，让主公您怀疑我们两家而放松对赵家的进攻。不是这样的话，我们两家难道会放着就要分到手的赵家田地不要，而要去干那危险而必不可成的事吗?”两人出去后，絺疵进来说:“主公为什么把我的话告诉他们俩呢?”智伯问道:“你怎么知道的?”絺疵回答说:“我看见他们仔细打量了一下我，就匆匆忙忙地走了，这是他们知道我看穿了他们的意向的缘故。”智伯对这些并不后悔。絺疵便请求出使到齐国去。

4. 赵襄子使张孟谈潜出见二子，曰:“臣闻唇亡则齿寒。今智伯帅韩、魏以攻赵，赵亡则韩、魏为之次矣。”二子曰:“我心知其然也，恐事未遂而谋泄，则祸立至矣。”张孟谈曰:“谋出二主之口，入臣之耳，何伤也?”二子乃潜与张孟谈约，为之期日而遣之。襄子夜使人杀守堤之吏,而决水灌智伯军。智伯军救水而乱,韩、魏翼而击之,襄子将卒犯其前,大败智伯之众。遂杀智伯,尽灭智氏之族。唯辅果在。

译文

赵襄子派自己的宰臣张孟谈暗中出城来见韩康子和魏桓子,说:“我听说嘴唇若是没有了,牙齿就会冷。现在智伯率领韩、魏两家来围攻赵家,赵家灭亡就该轮到韩、魏了。”韩康子、魏桓子说:“我们心里也知道会是这样。只是担心没等事情办好,计谋就已泄露,那立刻就会大祸临头了。”张孟谈说:“计谋出自两位主公之口,进入我一人之耳,又有什么妨害呢?”两人于是秘密地与张孟谈谈妥,约好起事日期后,送他回城。夜里,赵襄子派人杀掉了智家守堤的官吏,决堤引水倒灌智伯的军营。智伯的军队为救水而大乱,韩、魏两家军队从两侧夹击。赵襄子率兵从正面痛击,打败智伯的军队,杀死智伯,并将智氏族人全部诛灭。只有先前已经改姓辅氏的辅果一家得以保全。

导读

“三家分晋”是《资治通鉴》记事的起始点。公元前770年,周平王东迁洛邑(在今河南洛阳),是为东周的开始。东周又分为春秋和战国两段。在春秋时期,周天子的权威一落千丈,原来“礼乐征伐自天子出”一变而为“礼乐征伐自诸侯出”。到春秋晚期,权力进一步下移,公室衰微,卿大夫之家逐渐控制了各国的国政。晋国的权力被控制在韩、赵、魏、范、中行和智氏“六卿”手中,而以智氏为最强。公元前458年,智氏联合赵、韩、魏灭掉范氏、中行氏而共分其地。公元前457年,赵、魏、韩三家又灭智氏而瓜分了其领地。选文讲的就是当年智氏覆亡的全过程。司马光认为:“智伯之亡也,才胜德也。”实则,智瑶之才算不得什么大才,利欲熏心,蒙蔽了他的双眼,不能见微知著，又跋扈骄横，不懂得尊重别人，且刚愎自用，不能听取臣下意见，最终只落得一个身死族灭的下场。智氏覆亡之后，晋公室只保留了两邑，其余的晋国土地全被三家瓜分。周威烈王二十三年（前403），周王室正式封魏斯、赵籍和韩虔为诸侯，晋国名存而实亡。到公元前349年晋静公去世，作为“春秋五霸”之一的晋国彻底终结，作为“战国七雄”中的韩、赵、魏三国则驰骋于历史的舞台。故而“三家分晋”这一事件具有划时代的意义，史学界一般以此作为战国时代的开端。

魏国独霸

公元前403年，魏桓子的孙子魏斯被周威烈王正式册封为诸侯，是为魏文侯。这位魏国的开国君主非常贤明，他谦虚恭谨，礼贤下士，拜卜子夏、田子方为师，又得名士段干木辅政，所任用的翟璜、魏成、李悝（kuī）、吴起、乐羊、西门豹等人，都是一时俊彦，故国内大治，国土亦扩张，北灭中山之国，西取秦西河之地，使魏国成为战国初期最强大的国家。他在位的50年，也是魏国历史上最辉煌的时代。魏文侯死后，武侯魏击继位，他任用军事家吴起进行改革，三晋联动打败楚国，夺取了楚国在中原的大部分土地。武侯在位的25年里，魏国霸业继续发展。至武侯之子魏惠王魏罃（yīng）当政时，魏国霸业达到了巅峰。他于公元前364年，把都城从安邑迁至大梁（在今河南开封市西北），使魏国的政治重心转移到中原，史籍又称魏为梁。

原文节选

1. 魏文侯以卜子夏、田子方为师。每过段干木之庐必式。四方贤士多归之。

译文

魏文侯尊卜子夏、田子方为师。他每次车驾经过名士段干木的庐舍前一定要手扶车轼俯首行礼。因此，四方的很多贤士前来归附他。

2. 文侯与群臣饮酒，乐，而天雨，命驾将适野。左右曰："今日饮酒乐，天又雨，君将安之？"文侯曰："吾与虞人期猎，虽乐，岂可无一会期哉！"乃往，身自罢之。

译文

魏文侯与臣子们一起饮酒，十分快乐。而这时天下起了大雨，魏文侯下令备车前往山野之中。左右侍臣问："今天饮酒正欢乐，天又下着大雨，国君您打算去哪里呢？"魏文侯说："我与管山林的官员约好了去打猎，虽然正欢乐，怎么可以约定了而不去会面呢？"于是前去，亲自告诉管山林的虞官因下雨取消行猎。

3. 韩借师于魏以伐赵，文侯曰："寡人与赵，兄弟也，不敢闻命。"赵借师于魏以伐韩，文侯应之亦然。二国皆怒而去。已而知文侯以讲于己也，皆朝于魏。魏于是始大于三晋，诸侯莫能与之争。

译文

韩国向魏国借兵攻打赵国，魏文侯说："我与赵国，是兄弟之邦，不能答应你们借兵的要求。"赵国派人向魏国借兵讨伐韩国，魏文侯也同样这样答复。两国使者都怒气冲冲地走了。后来，两国得知魏文侯对自己的和睦态度，便都前来朝拜魏国。魏国于是开始成为魏、赵、韩三国之首,各诸侯国都不能和魏国争雄。

4. 使乐羊伐中山,克之,以封其子击。文侯问于群臣曰:“我何如主?”皆曰:“仁君。”任座曰:“君得中山,不以封君之弟而以封君之子,何谓仁君!”文侯怒,任座趋出。次问翟璜,对曰:“仁君。”文侯曰:“何以知之?”对曰:“臣闻君仁则臣直。向者任座之言直,臣是以知之。”文侯悦,使翟璜召任座而反之,亲下堂迎之,以为上客。

译文

魏文侯派乐羊攻打中山,攻破后,文侯就把中山封给他的儿子魏击(即后来的魏武侯)。魏文侯向臣子们询问说:“我是怎样的国主?”臣子们都回答说:“您是仁爱的国君。”任座说:“您得到了中山,不把它封赏给您的弟弟,却把它封给您的儿子,怎么能说是仁爱的国君?”魏文侯听后恼怒,任座赶快走出。魏文侯又问翟璜,翟璜回答说:“您是仁爱的国君。”魏文侯问道:“你是凭什么知道的?”翟璜回答道:“我听说国君如果仁爱,臣子就会直率。刚才任座的话直率,我因此知道您是仁爱的国君。”魏文侯听后很高兴,就让翟璜去把任座叫了回来,并亲自下堂迎接他,把他当作上等客人。

5. 文侯与田子方饮,文侯曰:“钟声不比乎? 左高。”田子方笑。文侯曰:“何笑?”子方曰:“臣闻之,君明乐官,不明乐音。今君审于音,臣恐其聋于官也。”文侯曰:“善。”

译文

魏文侯与田子方一块儿饮酒,魏文侯说:“编钟的乐音不协调吧,左边高些。”田子方听后发笑。魏文侯问:“你笑什么?”田子方说:

"我听说,国君应当审察乐官有无才艺,懂得任用乐官,不拘泥于审察乐音的和谐。现在国君您对乐音很明察,我担心您对乐官的才艺不能明辨。"魏文侯说:"说得好!"

导读

"三家分晋"之后,接着就是"田氏代齐"。赵、魏、韩和田齐连同原有的楚、秦、燕三国一起,合称"战国七雄"。它们领导着战国风骚了两个半世纪。这两个半世纪,大致可以分为魏国独霸、齐秦对峙、秦赵大战和秦并六国四个阶段。本篇讲述的是它们中的第一个阶段。魏国建国之后,迅速走上了变法图强的道路。这不能不归功于魏文侯魏斯,他是魏国百年霸业的开创者。史籍中关于他礼贤下士的事例很多,上面不过是择取了其中的几则,但从这几段文字,也可见一斑了。正因为文侯的谦虚谨慎、控御有方,才使魏国人才济济,开疆拓土,盛极一时。魏武侯魏击在延揽人才方面远不如他的父亲,致使人才流失严重。就连为魏国建立了不朽功勋的吴起,后来也去了楚国,在楚国掀起了一场大刀阔斧的改革,使楚国国力迅速强大,对魏国也构成了很大的威胁。不过,总体说来,由于有魏文侯留下的雄厚家底,武侯在位的25年里,魏国霸业仍然继续发展。至武侯之子魏䓨继位时,魏国国力臻于极盛,魏䓨改"侯"称"王",是为魏惠王。公元前334年,魏惠王和齐威王在徐州(在今山东滕州市南)会盟,互相承认了对方的王号,这就是历史上有名的"徐州相王"。然而盛极而衰是为公理,实际上,魏国霸业在魏惠王后期就已经显现出衰败之象。因为三晋联盟破裂,魏国于公元前353年进攻赵国,又于公元前341年进攻韩国,两国先后求救于齐国。齐军在著名军事家孙膑的运筹帷幄之下,在桂陵(在今河南长垣西南,一说在今山东菏泽市东北)和马陵(今山东莘县西南,一说今河南范县西南,一说今河北大名东南,一说今山东郯城南)两次大败魏军,这两战成为魏国由盛转衰的转折点。魏国“东败于齐，西丧秦地七百余里，南辱于楚”，霸业从此衰落，而齐、秦崛起，战国历史进入齐、秦对峙阶段。

商鞅变法

周显王八年（前361），21岁的嬴渠梁即位为秦孝公，他目睹了秦国的落后现状，决心发愤图强，于次年在全国下令求贤。卫国的公孙鞅闻讯，西行来到秦国。公孙鞅是卫国国君的后裔，姬姓公孙氏，故又称卫鞅、公孙鞅；因他后来在秦国立功，秦孝公以商（今陕西商洛市西南）、於（今河南内乡东）十五邑封赏他，号为商君，故又称为商鞅。公孙鞅喜好法家刑名的学说，曾侍奉魏国国相公叔痤，受其赏识，便向魏惠王举荐他，而魏惠王以为不能用。公孙鞅来到秦国后，通过宠臣景监见到了秦孝公，向秦孝公阐述了自己的富国强兵之策，孝公十分高兴，便和他一起商讨国事。周显王十年（前359），秦孝公正式任命公孙鞅为左庶长，制定变法的法令。变法的内容包括：重农抑商、奖励耕织与垦荒、废除贵族特权等。为了取信于民，公孙鞅用“徙木立信”的办法先建立起威信，然后再公布新法。太子违法，公孙鞅便将他的老师公子虔处刑，还在另一位老师公孙贾（gǔ）的脸上刺字，以示惩戒。因此，保证了新法的推行。新法施行十年，秦国实现大治，一跃成为当时最强盛的国家。

原文节选

1. 十年，卫鞅欲变法，秦人不悦。卫鞅言于秦孝公曰：“夫民不可与虑始，而可与乐成。论至德者不和于俗，成大功者不谋于众。是以圣人苟可以强国，不法其故。”甘龙曰：“不然，缘法而治者，吏习而民安之。”卫鞅曰：“常人安于故俗，学者溺于所闻。以此两者，居官守法可也，非所与论于法之外也。智者作法，愚者制焉；贤者更礼，不肖者拘焉。”公曰：“善。”以卫鞅为左庶长，卒定变法之令。

译文

周显王十年（前359），卫鞅要变法革新，秦国人多不赞成。卫鞅对秦孝公说：“不能同一般民众谋划始创事业，只能同他们分享事业的成功。因此，最高尚的人并不附和世俗的观念，成就伟大功业的人并不跟一般民众商讨。所以圣贤之人只要能够使国家富强，就不必效法过去的成规。”大夫甘龙反驳说：“不对。按照既定的法令来治理国家，官员能熟练自如，百姓也可以安定不乱。”卫鞅说：“普通人只知道安于传统，而学者们往往受所学知识的制约。这两种人，让他们安守官职遵守旧法是可以的，却不能与他们商讨旧法之外的变革和创新。聪明的人制定法规政策，愚笨的人只会循规蹈矩；贤德的人因时制宜，无能的人只能墨守成规。”秦孝公说：“说得好。”于是，任命卫鞅为左庶长，终于制定了变法的命令。

2. 令民为什伍而相收司、连坐，告奸者与斩敌首同赏，不告奸者与降敌同罚。有军功者，各以率受上爵；为私斗者，各以轻重被刑大小。僇力本业，耕织致粟帛多者，复其身；事末利及怠而贫者，举以为收孥。宗室非有军功论，不得为属籍。明尊卑爵秩等级，各以差次名田宅、臣妾、衣服。有功者显荣，无功者虽富无所芬华。

译文

下令把十家编成一什，五家编成一伍，互相监视检举，一家犯法，十家连带治罪，告发奸恶的人与斩敌首级的人同样受赏，隐藏奸恶的人与投降敌人的人同样受罚。有军功的人，各按标准封爵受赏；为私事斗殴的，按情节轻重分别处以大小不同的刑罚。致力于农业生产，让粮食丰收、布帛增产的，免除其劳役或赋税。因从事工商业营利及因懒惰而贫穷的，受到纠举后把他们的妻子全都没收为官奴。宗室里没有军功的，不能列入宗属的籍系。明确尊卑爵位等级，各按爵位等级差别享有相应的土地、房产、家臣奴婢和衣服。有军功的显赫荣耀，没有军功的，即使很富有，也不能显荣。

3. 令既具未布，恐民之不信，乃立三丈之木于国都市南门，募民有能徙置北门者予十金。民怪之，莫敢徙。复曰："能徙者予五十金！"有一人徙之，辄予五十金。乃下令。

译文

法令已详细制定，但尚未公布，卫鞅担心百姓不信从，于是，在国都集市的南门立下一根三丈长的木杆，并发出布告招募民众，谁若能把木杆拿到北门去，就赏给十金。百姓们感到此事古怪，没有谁敢去搬。卫鞅又说："能搬过去的赏五十金。"有一个人前去把木杆搬到了北门，便奖给了他五十金。于是，卫鞅下令颁布新法。

4. 令行期年，秦民之国都言新令之不便者以千数。于是太子犯法。卫鞅曰："法之不行，自上犯之。"太子，君嗣也，不可施刑，刑其傅公子虔，黥(qíng)其师公孙贾。明日，秦人皆趋令。行之十年，秦国道不拾遗，山无盗贼，民勇于公战，怯于私斗，乡邑大治。

译文

新法命令实行了一周年，秦国百姓来国都控诉新法让他们有数以千计的不便。这时，太子也触犯了新法。卫鞅说："新法不能顺利施行，就在于上面的人带头违犯。”太子是国君的继承人，不能施以刑罚，便将他的师傅公子虔处刑，将他的老师公孙贾脸上刺字，以示惩戒。第二天，秦国人听说此事，都遵从了法令。新法施行十年后，秦国国内路不拾遗、山中无盗贼，百姓勇于为国作战，不敢再行私斗，乡野城邑都得到了很好的治理。

导读

商鞅也称公孙鞅或卫鞅。

商鞅变法是秦国历史上的大事，秦国的崛起实得益于它。进入战国之后，变法改革成为时代的潮流。李悝首先在魏国行“尽地力之教”，又“撰次诸国法，著《法经》”，使魏国“强匡天下，威行四邻”。以此为起点，各国都争相进行以富国强兵为目标的变法运动。吴起在楚国变法、邹忌在齐国变法、申不害在韩国变法、商鞅在秦国变法，而以秦商鞅变法的影响最大。选文反映的就是这一重大历史事件。商鞅和申不害以及后来的韩非等人，都属于法家的代表人物。法家强调“缘法而治”“不别亲疏，不殊贵贱，一断于法”，被后世儒家学者指斥为“刻削寡恩”，实则正是因为他们的努力才推动了历史的发展。由于中国在传统上“贵因循而重改作”（此“重”为“不轻易”的意思），喜欢一点一滴地改良，对大张旗鼓地变法是排斥的，所以战国时期的这场变法运动，东方六国都进行得很不彻底，其成就的功业当然也小。只有秦商鞅变法的改革幅度大、持续时间长，所以成就的功业也大。变法改革不仅是对现有体制的变更，还是对利益的再分配，因而它侵犯了既得利益者的利益，必然要遭到守旧者的反对和攻击。所以，中国历史上的变法者，大多没有好下场，商鞅后来就被车裂而死。所幸新继位的秦君嬴驷虽以“宗室多怨”诛杀了商鞅，却没有废除其制定的新法，故秦国能继续发展壮大。公元前 325 年，嬴驷改“公”称“王”（即秦惠文王）。秦军北扫义渠、西平巴蜀、东出函谷、南下商於，为秦统一中国打下了坚实的基础。

乐毅伐齐

周赧王元年（前314），燕国发生子之之乱，齐国借机攻破燕国，燕王哙（kuài）和相国子之被杀。赵、魏、韩、楚、秦等国联合攻齐救燕，齐军被迫撤出燕国。周赧王三年（前312），燕人共立公子职为王，这就是燕昭王。燕昭王在燕国被齐国攻破后即位，他慰问死伤，安抚贫孤，与百姓同甘共苦；纡尊降贵，用重金招募人才，与他们共商国是，欲雪先王的耻辱。谋士郭隗（wěi）为燕昭王讲了个“千金市骨”的典故，昭王听后，立即为郭隗翻建府第，尊奉他为老师。各地的贤士见他如此求贤若渴，都争相来到燕国：乐毅从魏国来，剧辛从赵国来，等等。燕昭王授予乐毅亚卿的高位，把国家大事全都托付给了他。燕昭王日夜安抚慰问百姓，如此过了二十余年，燕国更加富足。燕昭王于是与乐毅商议讨伐齐国的事情。乐毅认为，齐国还有霸国的余威，土地广阔，人口众多，不容易单独攻打它。如果一定要讨伐它，不如联合赵国以及楚国、魏国来攻打。于是，昭王派乐毅与赵惠文王约盟，另派使者联络楚国、魏国，又让赵国用讨伐齐国的好处引诱秦国。各国都认为齐闵王骄横暴虐，是个祸害，都争相与燕国一起谋划讨伐齐国。周赧王三十一年（前284），乐毅率领五国军队伐齐，在济水西岸击溃齐军，随即长驱直入，一举攻下了齐都临淄（在今山东淄博市东北）。

原文节选

1. 燕人共立太子平，是为昭王。昭王于破燕之后。吊死问孤，与百姓同甘苦，卑身厚币以招贤者。谓郭隗曰：“齐因孤之国乱而袭破燕，孤极知燕小力少，不足以报；然诚得贤士与共国，以雪先王之耻，孤之愿也。先生视可者，得身事之！”郭隗曰：“古之人君有以千金使涓人求千里马者，马已死，买其首五百金而返。君大怒，涓人曰：‘死马且买之，况生者乎！马今至矣。’不期年，千里之马至者三。今王必欲致士，先从隗始，况贤于隗者，岂远千里哉！”于是昭王为隗改筑宫而师事之。于是士争趣燕：乐毅自魏往，剧辛自赵往。昭王以乐毅为亚卿，任以国政。

译文

燕国人共同拥立太子姬平（当为公子姬职）为燕昭王。昭王即位于燕国被齐国攻破之后。他凭吊死者，慰问孤寡，与百姓同甘共苦，自己屈尊，用重金来招纳贤能的人。他对郭隗说：“齐国乘我国内乱而出兵袭破我们燕国，我深知燕国国家不大，力量微弱，不能够报复齐国。然而如果能有贤士，与他们共商国家大计，以洗雪先王的耻辱，是我的愿望啊。先生若见到合适的人才，我一定亲自侍奉他。”郭隗说：“古代有位君主派侍臣带千金去买千里马，侍臣到时马已经死了，于是，他花五百金买下马头带回。君主大怒，侍臣说：‘死了的千里马我们尚且买来，更何况活的千里马呢！千里马就会来的。’不到一年，果然有三匹千里马送来。现在，大王您一定要招揽人才，就先从我郭隗开始吧，比我贤良的人，一定会不远千里前来。”燕昭王听后，为郭隗翻建府第，尊奉他为老师。各地的贤士闻讯，争相来到燕国：乐毅从魏国来，剧辛从赵国来。燕昭王奉乐毅为亚卿，把国家大事都委托给他。

2. 燕昭王日夜抚循其人，益以富实，乃与乐毅谋伐齐。乐毅曰：“齐，霸国之余业也，地大人众，未易独攻也。王必欲伐之，莫如约赵及楚、魏。”于是使乐毅约赵，别使使者连楚、魏，且令赵啗（dàn）秦以伐齐之利。诸侯害齐王之骄暴，皆争合谋与燕伐齐。

译文

燕昭王日夜安抚教导百姓，燕国更加富足，便与乐毅商议攻伐齐国。乐毅说："齐国至今仍有霸国的余威，地大人多，不容易独立攻打。大王一定要攻伐它，不如联合赵国及楚、魏两国共同攻伐它。"燕王便派乐毅联络好赵国，另派使者联系楚国、魏国，再让赵国用伐齐国的好处引诱秦国。各诸侯国觉得齐王骄横暴虐是个祸害，都争相与燕国合作，商量攻打齐国。

3. 三十一年，燕王悉起兵，以乐毅为上将军。秦尉斯离帅师与三晋之师会之。赵王以相国印授乐毅，乐毅并将秦、魏、韩、赵之兵以伐齐。齐湣（mǐn）王悉国中之众以拒之，战于济西，齐师大败。乐毅还秦、韩之师，分魏师以略宋地，部赵师以收河间。身率燕师，长驱逐北。剧辛曰："齐大而燕小，赖诸侯之助以破其军，宜及时攻取其边城以自益，此长久之利也。今过而不攻，以深入为名，无损于齐，无益于燕而结深怨，后必悔之。"乐毅曰："齐王伐功矜能，谋不逮下，废黜贤良，信任谄谀，政令戾虐，百姓怨怼（duì）。今军皆破亡，若因而乘之，其民必叛，祸乱内作，则齐可图也。若不遂乘之，待彼悔前之非，改过恤下而抚其民，则难虑也。"遂进军深入。齐人果大乱失度，湣王出走。乐毅入临淄，取宝物、祭器，输之于燕。燕王亲至济上劳军，行赏飨士；封乐毅为昌国君，遂使留徇齐城之未下者。

译文

周赧王三十一年（前284），燕昭王调集了全国的兵力，任命乐毅为上将军。秦将斯离率领秦军同韩、赵、魏三国军队会合，赵惠文王把相国大印授给了乐毅。乐毅统一指挥着秦、魏、韩、赵、燕五国军队攻打齐国。齐湣王征调全国的兵众进行抵抗，双方在济水西岸大战，齐国军队大败。乐毅遣还了秦、韩两国军队，分派魏国军队去攻占宋国旧地，部署赵国军队去收复河间；他自己率领燕军，长驱直入，继续追击溃败的齐军。剧辛劝说道："齐国大，燕国小，依靠各国的帮助才打败齐军，应该及时攻取它的边境城市，以扩充燕国领土，这才是长久的利益。现在大军经过城邑却不攻占，一味深入，对齐国既无损伤，对燕国也无好处，只能结下深怨，日后必定要后悔。"乐毅说："齐王自夸其能，好大喜功，刚愎自用，遇事不与臣下商议，罢黜贤良人士，专门信任阿谀谄媚的小人，政令贪虐暴戾，百姓怨恨。现在齐军溃败，如果我们乘胜追击，齐国民众必定反叛，内部发生动乱，齐国就可以谋取了。若不乘胜追击，等到齐王痛改前非，体恤臣下，安抚百姓，我们就难办了。"于是，下令进军深入。齐国果然大乱，失去常度，齐湣王出逃。乐毅率军进入齐都临淄，搜取宝物、祭祀重器，运回燕国。燕昭王亲自到济水上游慰劳军队，颁行奖赏，犒劳将士；封乐毅为昌国君，让他留在齐国征服其余未攻下的城邑。

导读

燕国国君是周初名臣召（shào）公姬奭（shì）的后裔，召公辅佐周成王尽心尽职，《诗经》中有首《甘棠》诗就是歌颂他的。因他功大，故受封在燕国，由长子姬克前往就任，封地在燕山一带，故称为燕国。公元前7世纪，燕国吞并蓟（jì）国，建都蓟（今北京城西南隅），其疆域范围大致为今天的北京、天津全部，也包括了河北、辽宁、山西、内蒙古和朝鲜的部分地区。公元前323年，燕易王称王。燕易王死后，燕王哙继位。燕王哙三年（前318），哙效仿尧舜禅让之美，将君位禅让给国相子之。子之执政四年，太子平与将军市被等起兵叛乱，被他杀死。此次攻杀动荡达数月之久，死者几万人。不久，齐宣王乘机派匡章率军攻破燕国，杀死燕王哙和子之，燕国几乎亡国。后来，在赵、魏、韩、楚、秦等国的干涉下，齐军被迫撤出燕国。公元前311年，燕人共立太子平的弟弟公子职为王，这就是燕昭王。昭王继位之后，矢志复仇。他高筑“黄金台”以招贤纳士，名将乐毅、剧辛等先后投奔燕国。昭王拜乐毅为亚卿，委以国政、兵权。乐毅感念昭王的知遇之恩，倾心辅佐昭王改革内政、整顿军队。经过二十余年的励精图治，燕国大治。此时，齐国的当政者为宣王之子湣王（亦作“闵王”）。齐湣王暴虐骄纵，好大喜功，到处树敌。公元前288年，秦昭王和齐湣王相约称帝，秦昭王为西帝，齐湣王为东帝，后来又取消了帝号。齐湣王膨胀的野心在公元前286年灭宋之后达到了顶峰，但也引起了各国的不满和警惕。燕国乘机拉拢诸国，合纵伐齐。公元前284年，秦、魏、韩、赵、燕五国军队在乐毅的指挥下攻破齐国，接连拿下齐国的七十余城，唯即墨（在今山东平度市东南）和莒（jǔ）城（在今山东莒县）未拿下。其后，齐国虽然复国，但经此一战，元气大伤，从此一蹶不振，终结了齐秦对峙的局面。

田单复国

当初，燕国军队攻打齐国安平（在今山东淄博市东临淄东北）时，临淄城管理市场的官员田单刚好正在安平，他预先让族人用铁皮包裹好车轴头。待到城破，人们争相涌出城门时，都因为车轴互相碰断，车辆损坏难行，被燕军俘虏；只有田单一族因为用铁皮包裹车轴得以幸免，从而逃到了即墨。当时，齐国的大部分地区都被燕军占领，只有莒城、即墨未沦陷。乐毅于是合并右军、前军包围了莒城；合并左军、后军包围了即墨。即墨大夫出战身亡。即墨民众看到田单足智多谋、熟悉兵事，于是拥立他为守将，以抵御燕军。乐毅围攻莒和即墨两城，一年未能攻克，便下令解除围攻，退至城外九里处修筑营垒。这样过了三年，两城一直未能攻下。公元前279年，燕昭王去世，燕惠王即位。惠王在当太子时，就与乐毅不和。田单听到此事，就派人去燕国施展反间计，散布谣言，说乐毅以攻打齐国为名，实际是想集结军队在齐国称王。燕惠王本来就疑心乐毅，中了齐国的反间计后，便派骑劫代替乐毅为大将，召乐毅回国。乐毅知道燕惠王派人代替自己是不怀好意，于是投奔了赵国。燕军将士都愤恨、惋惜内部不和。田单一方面想方设法激励齐人的斗志，同时又假意答应出降，以麻痹燕军将士，最后，用火牛阵一举击溃燕军，收复了失地。

原文节选

1. 田单令城中人食，必祭其先祖于庭，飞鸟皆翔舞而下城中。燕人怪之，田单因宣言曰："当有神师下教我。"有一卒曰："臣可以为师乎？"因反走。田单起引还，坐东向，师事之。卒曰："臣欺君。"田单曰："子勿言也！"因师之。每出约束，必称神师。乃宣言曰："吾唯惧燕军之劓（yì）所得齐卒，置之前行，即墨败矣！"燕人闻之，如其言。城中见降者尽劓，皆怒，坚守，唯恐见得。单又纵反间，言："吾惧燕人掘吾城外冢墓，可为寒心！"燕军尽掘冢墓，烧死人。齐人从城上望见，皆涕泣，共欲出战，怒自十倍。

译文

田单下令即墨城中的百姓吃饭时，一定要在庭院中祭祀祖先。这样，飞鸟都盘旋而下，落到城中（来争吃祭饭）。燕国人很是惊讶。田单于是让人宣扬说："将有神师下界来教导我们。"有个士兵说："我可以做神师吗？"说完，掉头就跑。田单急忙起身拉他回来，让他东向高坐，奉为神师。那士兵说："我欺骗了您！"田单叮嘱："你不要说出去!”于是奉他为神师,每当发号施令,都必称奉神师之命。田单又让人宣称:“我最怕燕军把虏获的齐兵割去鼻子,作为前导,那样即墨城就完了!”燕国的人听了,果然这样做了。城中守兵看到投降燕军的人都被割去了鼻子,都很愤怒,便坚守不降,唯恐被俘。田单再使出反间计,说:“我怕燕军掘毁我们在城外的先人坟墓,那样就太使我们寒心了!”燕军果然把城外的坟墓尽行掘毁,焚烧死尸。齐国人从城上远远望见,都痛哭流涕,争相请求出战,愤怒的情绪增长十倍。

2. 田单知士卒之可用,乃身操版、锸,与士卒分功;妻妾编于行伍之间,尽散饮食飨士。令甲卒皆伏,使老、弱、女子乘城;遣使约降于燕,燕军皆呼万岁。田单又收民金得千镒,令即墨富豪遗燕将,曰:“即降,愿无虏掠吾族家!”燕将大喜,许之。燕军益懈。田单乃收城中,得牛千余,为绛缯衣,画以五采龙文,束兵刃于其角,而灌脂束苇于其尾,烧其端,凿城数十穴,夜纵牛,壮士五千随其后。牛尾热,怒而奔燕军。燕军大惊,视牛皆龙文,所触尽死伤。而城中鼓噪从之,老弱皆击铜器为声,声动天地。燕军大骇,败走。齐人杀骑劫,追亡逐北,所过城邑皆叛燕,复为齐。田单兵日益多,乘胜,燕日败亡,走至河上,而齐七十余城皆复焉。乃迎襄王于莒,入临淄,封田单为安平君。

译文

田单知道士卒会拼死抵抗了,于是,带头拿起夹板和铁锹,同士卒们分担劳苦;他把自己的妻妾也编进军队,还分发全部食品犒劳将士。他命令披甲士兵都隐藏起来,让老弱人员、女子登城守卫;派使者去燕军中约定投降,燕军听到这消息都高呼万岁。田单又在城中募集到一千镒金银,让即墨城的富豪送给燕军大将,说:“我们马上就投降,请不要抢劫和掠夺我们的家族!”燕将大喜,答应了他们。燕军戒备更加松懈了。田单于是在城中搜罗一千余头牛，给牛披上大红绸衣，绘上五彩龙纹，在牛角上绑利刃，在牛尾上绑苇草，并灌好油脂。然后，点燃苇草，趁着夜色，把牛从事先凿好的几十个城墙洞中赶了出来，后面紧随着五千名壮士。牛尾被火灼烧，都惊怒地奔向燕军营寨。燕军大惊，又看到牛身上都是五彩龙纹，被牛角撞触的燕军士兵非死即伤。又听到城中敲锣打鼓齐声呐喊，响声惊天动地。燕军惊恐万分，纷纷败逃。齐军杀死燕军主将骑劫，乘胜追击逃亡的燕军，所到之处，各城邑纷纷叛离燕国，再度归顺齐国。田单的军队不断扩大，并乘胜追击，燕军日日望风而逃，逃到了黄河边，齐国失去的七十余座城邑全部收复。田单于是从莒城迎接齐襄王回到国都临淄，襄王册封田单为安平君。

导读

齐能复国有它的历史必然性。自公元前 391 年，齐太公田和废康公（姜齐）自立，田氏继承了姜齐的全部政治遗产，又经过桓公田午等几代人的经营，到威王田因齐当政，国势大涨。威王立稷下学宫以网罗人才，任邹忌为相，改革内政。桂陵、马陵二战，重挫强魏，“于是齐最强于诸侯，自称为王，以令天下”。威王死后，宣王田辟疆、湣王田地渐走下坡路，内政不修而外黩其武，使燕能乘其弊而攻之。然而，俗话说：“百足之虫，死而不僵。”正如乐毅所说：“齐，霸国之余业也。”本来就不是一场战役所能破灭得了的。乐毅深知此理，故不急于强攻即墨和莒，欲假以时日，慢慢降服齐民之心。但俗话又说“夜长梦多”，时间一长，难免发生变故，乐毅哪会料到燕昭王那么快就弃世了呢？老子说：“民之从事，常于几成而败之。”为山九仞，功亏一篑，真是可惜了！但乐毅的这次伐齐，对齐国的打击是沉重的。齐湣王兵败逃亡，途中为楚将淖齿所杀。其子田法章隐姓埋名在莒城太史敫（jiǎo）家做佣工。太史敫的女儿慧眼识英才，以身相许，并为他生了个儿子，取名叫田建。莒城百姓与齐国逃亡大臣后来找到田法章，立他为君，是为齐襄王。齐襄王继位后，立太史敫之女为王后，史称君王后。齐襄王在莒城居留了五年，公元前279年，田单在即墨大破燕军，收复了齐国全部的失地，并到莒城迎接齐襄王回都城临淄。公元前265年，齐襄王去世，田建继位，母亲君王后辅政，维持着初安的局面。公元前249年，君王后逝世，君王后的族弟后胜执掌政柄。后胜为人贪鄙，接受秦国贿赂，坐视其余五国被秦一一攻灭。公元前221年，秦军兵临其境，齐王建慌忙集结军队，可是哪里还来得及！秦军从齐北境突破，长驱直入，直捣齐都临淄，齐王建出降，齐国灭亡。

长平之战

公元前262年，秦国武安君白起进攻韩国，攻克野王，切断了上党与外界的联系。上党郡守冯亭打算将上党十七座城邑，敬献给赵国。平阳君赵豹告诫赵孝成王：天上掉馅饼，未必是好事，这是韩国人想嫁祸给赵国。赵王不听，仍派平原君赵胜前去接收。公元前260年，秦国派左庶长王龁（hé）进攻上党，并攻取了它。上党百姓逃往赵国，赵将廉颇率军驻守长平（在今山西高平市西北），接应从上党逃来的百姓。王龁于是率军攻打赵国，赵军几战都不能胜。楼昌建议赵孝成王派地位高的使节与秦国和谈；而虞卿认为，不如派使者用重礼拉拢楚、魏两国，使秦国疑心各国又将合纵抗秦，这样，和谈才会成功。赵王不听，派郑朱赴秦国求和。结果，秦国大肆宣扬郑朱的来使，却不与赵国和谈；各国见赵国向秦国求和，也不出兵救援。秦军多次击败赵军，廉颇下令坚守营垒，拒不出战。赵孝成王以为廉颇折损多，胆怯不敢出战，对廉颇多加申斥。赵王又中了秦国的反间计，派马服君赵奢的儿子赵括代替廉颇为大将。蔺相如认为，赵括只会纸上谈兵；赵括的母亲也上书，说赵括与他的父亲用心全然不同，不可为大将。赵王都不听。秦昭王听说赵军已经易帅，便暗中改派名将白起为上将军，取代了王龁。赵括轻躁冒进，被白起设伏将赵军分割包围，粮道也被切断。断粮四十六天后，赵括冒险突围被射杀，四十万赵军降秦后，被全部坑杀。

原文节选

1. 秦王闻括已为赵将，乃阴使武安君为上将军而王龁为裨将，令军中："有敢泄武安君将者斩！"赵括至军，悉更约束，易置军吏，出兵击秦师。武安君佯败而走，张二奇兵以劫之。赵括乘胜追造秦壁，壁坚拒不得入；奇兵二万五千人绝赵军之后，又五千骑绝赵壁间。赵军分而为二，粮道绝。武安君出轻兵击之，赵战不利，因筑壁坚守以待救至。

译文

秦昭王听说赵括已经担任赵军将领，便暗中改派武安君白起为秦军的上将军，让王龁作为副将，并下令军中说："谁若胆敢泄露武安君白起为上将军的消息，斩！"赵括来到军中，将原有规定尽数更改，调换军官，出兵攻打秦军。武安君假装战败退走，布置了两支奇兵偷袭赵军。赵括乘胜追击，直达秦军营垒，秦军营垒坚固，赵军攻不进去。这时，秦军一支二万五千人的奇兵已切断了赵军的后路，另一支五千人的骑兵拦住了赵军的回营通道。赵军被一分为二，粮道也被切断。武安君白起派出小股士兵攻打赵军，赵军战斗失利，便就地修筑营垒坚守，等待援兵的到来。

2. 秦王闻赵食道绝，自如河内发民年十五以上悉诣长平，遮绝赵救兵及粮食。齐人、楚人救赵。赵人乏食，请粟于齐，齐王弗许。周子曰：“夫赵之于齐、楚，扞蔽也，犹齿之有唇也，唇亡则齿寒；今日亡赵，明日患及齐、楚矣。救赵之务，宜若奉漏瓮沃焦釜然。且救赵，高义也；却秦师，显名也；义救亡国，威却强秦。不务为此而务爱粟，为国计者过矣。”齐王弗听。

译文

秦昭王听说赵军的粮道被切断，便亲自到河内征发十五岁以上的民众，并全部调到长平，来堵截赵国的救兵和粮食。齐国、楚国援救赵国。赵军缺乏粮食，向齐国借粮，齐王不给。周子说：“赵国对于齐国、楚国而言，如同一道屏障，就像牙齿有嘴唇护着一样，如果嘴唇没有了，牙齿就会感到寒冷。今天赵国灭亡了，明天灾祸就会降临齐国、楚国。援救赵国这件事，应该像捧着漏瓦罐去浇烧焦了的铁锅一样，耽搁不得。况且，救援赵国的行为高尚，合于正义；打退秦军，还可以显扬名声；用义勇行动援救危亡的国家，用威势胁逼强大的秦军退却。不致力于救赵国，反倒吝惜粮食，这样为国家决策，真是大错特错！”齐王不听。

3. 九月，赵军食绝四十六日，皆内阴相杀食。急来攻垒，欲出为四队，四五复之，不能出。赵括自出锐卒搏战，秦人射杀之。赵师大败，卒四十万人皆降。武安君曰：“秦已拔上党，上党民不乐为秦而归赵。赵卒反覆，非尽杀之，恐为乱。”乃挟诈而尽坑杀之，遗其小者二百四十人归赵，前后斩首虏四十五万人；赵人大震。

译文

九月，赵军断粮已经四十六天了，赵军内部暗中自相残杀，相互吞食。赵括在急迫之下，下令进攻秦军营垒，打算兵分四队轮番出击；到第四队进攻完毕，再从第五次开始进攻，还是突围不了。赵括亲自率领精兵上前拼死搏斗，被秦兵射死。赵军大败，四十万士兵全部投降。武安君白起说："秦军本来就已经攻取了上党，上党的百姓却不愿归属秦国，而去投奔赵国。赵国士兵反复无常，若不将他们杀绝，恐怕会作乱。"于是，用欺诈的手段将赵国的降兵全部活埋，只留下年纪小的二百四十人放回赵国。前后共杀死赵军俘虏四十五万人，赵国的人民大为震惊。

导读

齐国被燕国重创之后，在东方六国中，还能与秦国一较高下的就只有赵国了。公元前403年，韩、赵、魏三家分晋，周威烈王封赵籍为诸侯立国，即为赵烈侯。自赵烈侯五传至赵雍，乃改侯称王，这就是历史上有名的赵武灵王。大家也许都听说过赵武灵王"胡服骑射"的故事，通过推行"胡服"，教练"骑射"，赵国建立起一支以骑兵为主体的军队。此后，赵国的铁蹄纵横驰骋，北逐匈奴，"攘地北至燕、代"；西击林胡和楼烦，拓土到云中（今内蒙古托克托东北古城）和九原（今内蒙古包头市西）。公元前296年，赵灭掉中山国，"昔者中山之地，方五百里，赵独擅之，功成名立利附，则天下莫能害！"这为赵秦对抗创造了条件。而导致赵国走向衰亡的关键一战，就是长平之战。选文讲述的就是这一重要战役的过程。通过这一战役，赵军前后折损四十余万人，赵国元气大伤。秦将白起欲乘胜进攻赵都邯郸，攻灭赵国。但应侯范雎妒忌白起的功劳，以秦军疲劳应休整为由，劝秦昭王接受了赵国割地求和的请求。而赵国竟违约不割六城，反与东方诸国合纵拒秦。秦昭王大怒，欲大举伐赵。白起认为，此时已经失去了进攻的最佳时机，反对进攻邯郸。秦王不听，在公元前259年至公元前257年间，先后派王陵和王龁二人统兵围攻邯郸，结果却不利。赵国上下同仇敌忾，楚国派春申君同魏公子信陵君率兵数十万救赵，秦军损兵折将，伤亡惨重。白起因秦王不听其言，心怀怨恨，称病，不愿前往接替王龁。邯郸败报不断传来，秦王迁怒于白起，强行起用他，命他即刻动身前往。白起勉强行至杜邮（在今陕西咸阳市东），被秦昭王派使者赐剑自刎而亡，这也算是他在长平之战坑杀赵卒四十余万的报应吧。经邯郸之战，赵国虽说扭转了颓势，但实力及其地位已经大不如前，秦灭六国的时机日益成熟。

二、秦纪

始皇建制

秦王嬴政二十六年（前221），秦王刚刚兼并六国，统一天下，自认为德兼三皇，功过五帝，于是，便改称号为“皇帝”。他废除为帝王上谥号的制度，以自己为始皇帝，后继者以序数计算；采纳“五德终始”理论，以秦为水德。于是更改岁历，以十月初一作为岁首；衣服、旗帜、符节等都崇尚用黑色；计数以六为一个单位。推行郡县制度，把全国划分为三十六个郡，每个郡设置郡守、郡尉、监御史；统一法制和度量衡，车轨相同，文字相同；以咸阳为中心修筑驰道，通往全国各地。二十八年（前219），到泰山封禅祭祀天地。三十二年（前215），派将军蒙恬率三十万大军，向北征伐匈奴。次年，蒙恬收复了黄河以南的地区，设置了四十四个县；又修筑长城，依据地形而建，用以控制险关要塞，起自临洮（今甘肃岷县），直至辽东，绵延一万多里。同年，始皇又派兵夺取南越的陆梁地（五岭以南），设置了桂林、南海、象郡等郡。三十四年（前213），采纳丞相李斯的建议，实行焚书的文化专制政策。三十五年（前212），因侯生、卢生讥讽和评议始皇帝的暴戾，牵连到其他儒生，发生坑儒事件。始皇的长子扶苏，因劝谏惹恼始皇，被派赴上郡监督蒙恬的军队。

原文节选

1. 王初并天下，自以为德兼三皇，功过五帝，乃更号曰“皇帝”，命为“制”，令为“诏”，自称曰“朕”。追尊庄襄王为太上皇。制曰：“死而以行为谥，则是子议父，臣议君也，甚无谓。自今以来，除谥法。朕为始皇帝，后世以计数，二世、三世至于万世，传之无穷。”

译文

[秦王嬴政二十六年（前221）]秦王刚刚兼并六国，统一天下，自认为兼备了三皇的德行，功业超过了五帝，于是改称号为“皇帝”。皇帝口出命令称“制书”，下令称“诏书”，皇帝自称为“朕”。追尊父亲庄襄王为太上皇。颁布制书说：“君王死后，依据他生前的行为确定谥号，这是儿子议论父亲、臣子议论君王，毫无意义。从今以后，废除为帝王上谥号的制度。朕为始皇帝，后继者以序数计算，称为二世皇帝、三世皇帝，以至万世，无穷无尽地传下去。”

2. 初，齐威、宣之时，邹衍论著终始五德之运；及始皇并天下，齐人奏之。始皇采用其说，以为周得火德，秦代周，从所不胜，为水德。始改年，朝贺皆自十月朔；衣服、旌旄、节旗皆尚黑；数以六为纪。

译文

当初，在齐威王、齐宣王统治的时候，邹衍创立了金、木、水、火、土周而复始的“五德终始”理论；到始皇帝统一天下，齐国人将此理论奏报给他。秦始皇采纳了这套学说，认为周朝是火德，秦取代周，从火不能胜水来推衍，秦是水德。开始更改岁历，朝觐与庆贺都从十月初一开始（以十月初一为新年的开始）；衣服、旗帜、符节等都崇尚用黑色；计数以六为单位。

3. 丞相绾言："燕、齐、荆地远，不为置王，无以镇之。请立诸子。"始皇下其议。廷尉斯曰："周文武所封子弟同姓甚众，然后属疏远，相攻击如仇雠，周天子弗能禁止。今海内赖陛下神灵一统，皆为郡、县，诸子功臣以公赋税重赏赐之，甚足易制，天下无异意，则安宁之术也。置诸侯不便。"始皇曰："天下共苦战斗不休，以有侯王。赖宗庙，天下初定，又复立国，是树兵也；而求其宁息，岂不难哉！廷尉议是。"

分天下为三十六郡，郡置守、尉、监。

译文

丞相王绾进言说："燕、齐、楚三国的故地距都城咸阳过于遥远，不在那些地方设置侯王，便不能镇守它们。请分封诸位皇子为侯王。"始皇将这一建议交给大臣评议。廷尉李斯说："周文王、周武王分封子弟族人非常多，他们的后代彼此疏远，相互攻击如同仇敌，周天子也无法制止。现在，四海之内，仰仗陛下的神灵而获得统一，全国都划分为郡和县，对各位皇子及有功之臣，用国家征收的赋税重重给予赏赐，这样既可以非常容易地进行控制，也使天下人对朝廷不怀二心，才是安定国家的方略。分封诸侯则不适宜。"始皇说："天下人都吃尽了无休止的战争之苦，都是因为有诸侯王存在的缘故。今日依赖祖先的在天之灵，使天下初步平定，假若又重新封侯建国，便是自己招引兵事；而想以此求得宁静、养息，岂不是极困难的事情吗？廷尉的主张是对的。"

于是，把全国划分为三十六个郡，每个郡设置郡守、郡尉、监御史。

4. 收天下兵聚咸阳，销以为钟鐻（jù）、金人十二，重各千石，置宫廷中。一法度、衡、石、丈尺。徙天下豪杰于咸阳十二万户。

译文

收缴天下的兵器，运送汇集到咸阳，销熔后铸成悬挂钟的鐻、铜人十二个，各重千石，放置在宫廷中。并统一法定计量单位。把各地有势力的豪强大族十二万户迁徙到咸阳。

导读

秦始皇的父亲本名叫异人，为秦昭王太子安国君之子，被派到赵国当质子。因秦赵相攻，异人在赵国的处境尴尬窘迫。后来，因大商人吕不韦出资帮助运作，结交安国君的宠妃华阳夫人，异人得认华阳夫人为母妃。因华阳夫人本是楚人，故异人更名为子楚。吕不韦还将自己宠爱的赵姬送给了子楚，赵姬为子楚诞下一子，取名为赵政，即嬴政。公元前257年，邯郸之战，秦国围攻邯郸甚急，吕不韦拿出六百金贿赂赵国的守城官员，和子楚一起脱身逃到秦军大营；赵姬母子则留在邯郸，靠亲友保护，才活了下来。秦昭王五十六年（前251），昭王去世，太子安国君继位，是为秦孝文王，立子楚为太子。秦孝文王在位三天就去世了，太子子楚嗣位，是为秦庄襄王。秦庄襄王感念吕不韦的扶助之功，任他为相，封十万户，号文信侯。赵国也将赵姬母子送回秦国，嬴政被立为太子。秦庄襄王在位只有三年，公元前247年，秦庄襄王死，嬴政继位，年仅十三岁，国事都交由吕不韦打理。太后（即赵姬）正当盛年，耐不住寂寞，不免与吕不韦又藕断丝连。然而，眼见秦王一天天长大，吕不韦心里发毛，寻思脱身之策。他物色了一个名叫嫪毐（lào ǎi）的人，伪为宦官，进献给太后。太后甚为满意，封嫪毐为长信侯，并与他生了两个儿子。秦王政九年（前238），秦王行冠礼亲政，嫪毐东窗事发，遂谋乱。秦王诛杀了嫪毐，并连带铲除了吕不韦的势力，掌握了国家的实际大权，就此拉开了秦王扫六合的大幕。经过十余年征战，到秦王政二十六年（前221），终于完成了统一大业。选文载录了秦统一后的一系列政治举措，其中虽有不少消极的成分，但其功绩要远大于过错。秦国虽二世而亡，但它对后世的影响十分深远。因此，秦始皇被后人称誉为我国历史上的“千古一帝”。

胡亥嗣位

秦始皇三十七年（前210）十月，始皇第五次出巡，由左丞相李斯陪同，右丞相冯去疾留守咸阳。始皇有二十多个儿子，小儿子胡亥最受宠爱。他要求随父皇出游，始皇同意了。始皇走到平原渡口后，便病倒了。同年七月，始皇在沙丘宫平台驾崩。临死前，始皇命中车府令兼掌符玺事务的赵高写诏书赐给在蒙恬处监军的长子扶苏，让他回咸阳参加丧礼。诏书已经封好，还放在赵高那里，没有交给使者送出。赵高因素来与胡亥交好，又与蒙氏兄弟有旧怨，就游说丞相李斯，撺掇他一起合谋篡改始皇帝的遗诏，赐死扶苏和蒙恬，立胡亥为太子。胡亥登基，是为秦二世皇帝。为堵悠悠之口，胡亥修改法律，务为严苛，凡大臣、各位公子犯了罪，都交给赵高审讯惩处。就这样，有十二位皇子、十名公主被处死，他们的财产全部充公，受牵连被逮捕的人更是不可胜数。接着，他又征发全国的农夫修造阿房宫和骊山陵墓，并调发五万士卒来京城咸阳守卫；同时让各地向咸阳供给粮草，而且运粮草的人必须自带口粮，禁止吃咸阳周围三百里以内的粮食。秦二世的残暴统治，激起了人民的反抗。二世元年（前209）七月，陈胜、吴广在蕲县大泽乡（今安徽宿州市东南刘村集）聚众起兵，揭开了秦末农民起义的大幕。

原文节选

1. 始皇恶言死，群臣莫敢言死事。病益甚，乃令中车府令行符玺(xǐ)事赵高为书赐扶苏曰："与丧，会咸阳而葬。"书已封，在赵高所，未付使者。秋，七月丙寅，始皇崩于沙丘平台。丞相斯为上崩在外，恐诸公子及天下有变，乃秘之不发丧，棺载辒(wēn)凉车中，故幸宦者骖乘。所至，上食、百官奏事如故，宦者辄从车中可其奏事。独胡亥、赵高及幸宦者五六人知之。

译文

始皇厌恶谈论"死"，群臣中没有谁敢说到始皇死亡的事情。始皇病情加重，于是命中车府令兼掌符玺事务的赵高写信给长子扶苏，说："参加丧礼，待灵柩到咸阳后会合送葬。"信已封好，还放在赵高那里，没有交给使者送出。秋季，七月，二十日，始皇在沙丘宫平台去世。丞相李斯认为始皇死在外地，担心各位皇子及天下发生变故，就把始皇死去的事保密，不发布已丧的消息，将棺材停放在能调节冷暖的辒辌车中，以始皇生前宠信的宦官陪乘在车上。每到一地，仍旧照样进呈餐饭、百官奏报事务，宦官就从车中批复所奏之事。只有胡亥、赵高及受宠幸的五六个宦官知道内情。

2. 初，始皇尊宠蒙氏，信任之。蒙恬任外将，蒙毅常居中参谋议，名为忠信，故虽诸将相莫敢与之争。赵高者，生而隐宫；始皇闻其强力，通于狱法，举以为中车府令，使教胡亥决狱；胡亥幸之。赵高有罪，始皇使蒙毅治之；毅当高法应死。始皇以高敏于事，赦之，复其官。赵高既雅得幸于胡亥，又怨蒙氏，乃说胡亥，请诈以始皇命诛扶苏而立胡亥为太子。胡亥然其计。

译文

当初,始皇宠爱蒙氏兄弟,并信任他们。蒙恬在外担任大将,蒙毅常在朝中参与谋划政务,被称为忠信,所以,即便是众将领和丞相,也没有谁敢与他们一较高低。赵高,自出生就被阉割了;始皇听说他体强力大,而且通晓刑狱之法,就让他担任了中车府令,并让他教导胡亥学习刑狱断案的事;胡亥很宠信赵高。赵高犯了罪,始皇派蒙毅审治他;蒙毅认为赵高依法应被处死。始皇认为赵高办事机敏,就赦免了他,并让他官复原职。赵高因素来就受胡亥宠信,又怨恨蒙氏兄弟,就劝说胡亥,让他假称始皇的命令诛杀扶苏,立胡亥为太子。胡亥同意了赵高的计策。

3. 赵高曰:"不与丞相谋,恐事不能成。"乃见丞相斯曰:"上赐长子书及符玺,皆在胡亥所。定太子,在君侯与高之口耳。事将何如?"斯曰:"安得亡国之言!此非人臣所当议也!"高曰:"君侯材能、谋虑、功高、无怨、长子信之,此五者皆孰与蒙恬?"斯曰:"不及也。"高曰:"然则长子即位,必用蒙恬为丞相,君侯终不怀通侯之印归乡里明矣!胡亥慈仁笃厚,可以为嗣。愿君审计而定之!"丞相斯以为然,乃相与谋,诈为受始皇诏,立胡亥为太子;更为书赐扶苏,数以不能辟地立功,士卒多耗,数上书,直言诽谤,日夜怨望不得罢归为太子;将军恬不矫正,知其谋;皆赐死,以兵属裨将王离。

译文

赵高说:"如果不与丞相合谋,恐怕事情不能成功。"于是,去见丞相李斯,说:"皇上赐给扶苏的信及符玺,都在胡亥那里。决定太子人选,只在你我的一句话。你看这事怎么办好呢?"李斯说:"怎么能说出这种亡国的话呢!这不是我们做臣子的所应当议论的啊!"赵高说:“君侯你在才能、谋略、功勋、人缘以及所获扶苏的信任这五方面,有哪一点能和蒙恬相比呢?”李斯说:“都不如他。”赵高说:“既然如此,那么一旦扶苏即位,必定会任用蒙恬为丞相,君侯你终究不能怀揣通侯的印玺返归故乡就显而易见了!胡亥仁慈忠厚,可以继承皇位。希望你慎重考虑,作出定夺!”丞相李斯认为赵高说得有理,就与他合谋,假称受了始皇的遗诏,立胡亥为太子;重新伪造了一封书信赐给扶苏,指斥他不能开疆拓土、建立功勋,使士卒多有耗损,还多次上书,直言诽谤父皇,日夜抱怨不能解除监军职务而返归咸阳当太子;将军蒙恬不能纠正扶苏的过失,了解扶苏的图谋;因此,两人一并赐死,并将兵权移交给副将王离。

4. 扶苏发书,泣,入内舍,欲自杀。蒙恬曰:“陛下居外,未立太子,使臣将三十万众守边,公子为监,此天下重任也。今一使者来,即自杀,安知其非诈!复请而后死,未暮也。”使者数趣之。扶苏谓蒙恬曰:“父赐子死,尚安复请!”即自杀。蒙恬不肯死,使者以属吏,系诸阳周;更置李斯舍人为护军,还报。胡亥已闻扶苏死,即欲释蒙恬。会蒙毅为始皇出祷山川,还至。赵高言于胡亥曰:“先帝欲举贤立太子久矣,而毅谏以为不可,不若诛之!”乃系诸代。

遂从井陉抵九原。会暑,辒车臭,乃诏从官令车载一石鲍鱼以乱之。从直道至咸阳,发丧。太子胡亥袭位。

译文

扶苏打开书信,泣不成声,进入内室,打算自杀。蒙恬说:“陛下在外地,并未确立太子,他派我率领三十万军队戍守边境,令公子你担任监军,这是国家的重任啊!现在仅凭一个使者的到来,就要自杀,怎知其中是否有诈呢!还是再次奏请核实一下,再死也不迟呀。”使者多次催促他们自杀。扶苏对蒙恬说:“父亲赐儿子死,哪里还需要再请示查实呢！”说完就自杀而死。蒙恬不肯自杀，使者便将他交给主管刑事的官吏，拘禁在阳周，改派李斯的舍人担任护军，然后回报李斯、赵高。胡亥听说扶苏已经死了，便想释放蒙恬。恰逢蒙毅替始皇外出祈祷山川神灵后返回。赵高对胡亥说：“先帝想要荐举贤能，确定您为太子已经很久了，可是蒙毅一直认为不可行，不如把他杀掉算了！”于是，胡亥就将蒙毅囚禁到代郡。

车队于是从井陉抵达九原。正值暑热，装载始皇遗体的辒辌车臭不可闻，便命令随从官员在车上装载了一百二十斤鲍鱼，来混淆腐尸的气味。从直道抵达咸阳后，才发出治丧的告示。太子胡亥继承了皇位。

导读

“沙丘之变”是决定秦朝政治走向的重要事件。沙丘宫平台遗址，位于今河北省邢台市广宗县大平台村南，因土壤沙质，堆积成丘，故名沙丘，沙丘宫也因此而得名。据说，这里曾是著名的“困龙之地”。商纣王就曾在这里建有离宫别馆，以供嬉戏淫乐。战国时期，赵国又在此设立离宫。公元前 295 年的“沙丘宫变”就发生在这里，而退居二线、自称“主父”的赵武灵王也被活活饿死于此。公元前 210 年，秦始皇在这里驾崩，年仅 50 岁。随行的中车府令宦官赵高，串通左丞相李斯，篡改了秦始皇的遗诏，废杀太子扶苏，改立胡亥为秦二世皇帝。

秦二世由于得位不正，就好像穿窬（yú）之盗（指钻洞和爬墙的盗贼），色厉而内荏，不得不借助严刑峻法来掩饰自己内心的虚弱。经过长期的战乱，民生凋敝，迫切需要休养生息来恢复元气的秦国，由于秦二世的反其道而行之，推行暴政，自取灭亡。他后来被赵高弑杀，当然是咎由自取，只可惜由其父祖辈数代人辛辛苦苦打下来的基业，就这么毁于一旦！其实，作为左丞相的李斯，他是有权力也应该有能力控制事态发展的。他枉为一代名臣，竟然与赵高等沆瀣（hàng xiè）一气，行此不道义之事！

李斯早年曾做过小吏。一次，他上厕所，看见有老鼠，瘦得皮包骨头，吃着不洁之食，见有人来，慌不择路。后来，他又在粮仓中见到一只老鼠，硕大无朋，住着大屋，吃着粟米，且不怕人。李斯疑惑，同样是老鼠，为什么境遇会有如此不同呢？仔细一想，原来是它们所依托的平台不一样啊！于是，李斯就跟荀子学习帝王之术。学成之后，放眼天下，唯有秦能实现他的抱负，于是，西入秦，为吕不韦舍人；复通过吕不韦这块跳板，结识了秦王，并大受重用，贵为丞相。"老鼠哲学"引领着李斯出人头地、飞黄腾达。但这套哲学也有弊病，它只讲实际，不讲原则，没有道德底线，这也是李斯走向失败的根源。后来，他被赵高构陷，以谋反罪押赴刑场。在刑场上，李斯对自己的儿子说："唉，现在想和你一起，牵着那条大黄狗，到家乡上蔡的东门外去追捕那狡兔，也不可得了啊！"父子二人相对痛哭，李斯三族的人都被处死。

刘邦发迹

公元前209年九月，刘邦在沛县（今属江苏徐州市）起兵，号称"沛公"，命萧何、曹参召集沛县子弟，共三千人，以此响应诸侯抗秦。次月，秦国泗川郡监率军将刘邦包围在丰邑。刘邦出兵应战，打败了秦军，即命雍齿守卫丰邑，自己领兵去攻薛。魏国周市率军进攻丰、沛，派人招降雍齿。雍齿本来就不愿意归属刘邦，于是，举丰邑降魏。刘邦几度反攻丰邑，都没能攻克。当时，项梁在楚地风头正劲，势力很大。刘邦便去拜见项梁，项梁拨给他士兵五千名、五大夫级的军官十名。刘邦领兵再次进攻丰邑，并攻陷了该城。项梁听说陈胜确实死了,便将各部将领召集到薛议事,刘邦也前往参加。公元前208年六月,项梁采纳范增的建议,拥立芈(mǐ)心为楚怀王,项梁则自号为武信君,刘邦在其旗帜下攻城略地,屡败秦军。次月,项梁在定陶战死,项羽、刘邦和将军吕臣率军东撤,并把怀王芈心从盱眙(xū yí)迁出,建都彭城(治今江苏徐州市)。吕臣和项羽分别驻军彭城的东西两面,刘邦则屯驻砀(dàng)地。闰九月,楚怀王合并了吕臣、项羽二人的军队,由自己统率;任命刘邦为砀郡长,封为武安侯,统领砀郡兵马。楚怀王与各路将领约定:"谁先攻入关中,谁就在关中称王。"项羽愿和刘邦一起西进入关,但怀王等人,认为项羽太过凶残,刘邦则宽宏大量,有长者气度,可以派遣。于是,派刘邦西进,收容陈胜、项梁的散兵游勇,以攻击秦军。

原文节选

1. 九月,沛人刘邦起兵于沛,下相人项梁起兵于吴,狄人田儋(dān)起兵于齐。

译文

[秦二世元年(前209)]九月,沛县人刘邦在沛县起兵,下相县人项梁在吴县起兵,狄县人田儋在齐地起兵。

2. 刘邦,字季,为人隆准、龙颜,左股有七十二黑子。爱人喜施,意豁如也;常有大度,不事家人生产作业。初为泗上亭长,单父人吕公,好相人,见季状貌,奇之,以女妻之。既而季以亭长为县送徒骊(lí)山,徒多道亡。自度比至皆亡之,到丰西泽中亭,止饮,夜,乃解纵所送徒曰:"公等皆去,吾亦从此逝矣!"徒中壮士愿从者十余人。

刘季被酒,夜径泽中,有大蛇当径,季拔剑斩蛇。有老妪(yù)哭曰："吾子，白帝子也，化为蛇，当道，今赤帝子杀之！"因忽不见。刘季亡匿于芒、砀山泽之间，数有奇怪；沛中子弟闻之，多欲附者。

译文

刘邦，字季，鼻梁很高，眉骨突起，犹如龙额，左大腿上有七十二颗黑痣。为人和善，关心人，喜欢施舍，心胸开阔；常有通达的态度，不喜欢从事老百姓的日常耕作。起初，刘邦担任泗水亭长，单父县人吕公，喜好给人看相，看到刘邦的容貌后，认为很不寻常，就将女儿嫁给了他。

不久，刘邦以亭长身份受县里委派，解送役夫去骊山，许多役夫在中途逃跑。刘邦寻思，等到骊山时，人都会跑光了。于是，走到丰乡西的泽中亭，刘邦停下饮酒，到了晚上，他释放了所押送的役夫，说："你们都走吧，我也从此逃命去了！"役夫中，有十多个年轻力壮的汉子愿意跟着他。

刘邦喝醉了酒，夜间从小道经过沼泽，有大蛇挡在路上，刘邦拔剑杀了大蛇。有个老太太哭着说："我的儿子是白帝的儿子，化为蛇，挡在道上，现在却被赤帝的儿子给杀了！"说完，就忽然不见了。刘邦逃亡后，藏匿在芒山、砀山的山泽中，那里常常出现一些怪异的现象；沛县中的年轻人闻讯后，很多人都想去依附他。

3. 及陈涉起，沛令欲以沛应之。掾、主吏萧何、曹参曰："君为秦吏，今欲背之，率沛子弟，恐不听。愿君召诸亡在外者，可得数百人，因劫众，众不敢不听。"乃令樊哙召刘季。刘季之众已数十百人矣；沛令后悔，恐其有变，乃闭城城守，欲诛萧、曹。萧、曹恐，逾城保刘季。刘季乃书帛射城上，遗沛父老，为陈利害。父老乃率子弟共杀沛令，开门迎刘季，立以为沛公。萧、曹等为收沛子弟，得三千人，以应诸侯。

译文

及至陈胜起兵，沛县县令打算举城响应。功曹萧何、狱掾曹参说："您是秦朝官吏，现在想背叛朝廷，要率领沛县子弟，只怕他们不会听从您。您还是把那些逃亡在外的人召集起来，可得几百人，借此胁迫众人，众人不敢不服。"县令于是命樊哙去召刘邦。刘邦的部众已有百来人了。沛县县令后来反悔，担心刘邦等人来了会发生变故，就下令关闭城门，防守城池，并要诛杀萧何、曹参。萧、曹二人恐惧，翻城出去投奔刘邦。刘邦就写了一封帛书，用箭射到城上，送给沛县的父老，向他们陈述利害关系。沛县父老便率领子弟一起杀了县令，打开城门迎接刘邦，并拥立他为沛公。萧何、曹参等为刘邦召集沛县子弟，共得三千人，以此响应诸侯抗秦。

4. 沛公从骑百余往见梁；梁与沛公卒五千人，五大夫将十人。沛公还，引兵攻丰，拔之。雍齿奔魏。

译文

刘邦率百余骑兵去拜见项梁。项梁拨给刘邦士兵五千人、五大夫级的将领十人。刘邦回去后，领兵进攻丰县，并攻陷了该城。雍齿投奔魏国。

5. 梁闻陈王定死，召诸别将会薛计事，沛公亦往焉。

译文

项梁得知陈胜确实死了，使召集各部将到薛议事，刘邦也前往参加。

6. 时连雨,自七月至九月。项羽、沛公攻外黄未下,去,攻陈留;闻武信君死,士卒恐,乃与将军吕臣引兵而东,徙怀王自盱眙都彭城。吕臣军彭城东,项羽军彭城西,沛公军砀。

译文

当时连日下雨,从七月一直下到九月。项羽、刘邦攻打外黄(治今河南民权西北),没有攻下,便撤军,转攻陈留(在今河南开封东南)。听闻项梁已死,楚兵惊恐。项羽、刘邦就和将军吕臣一起带领军队向东进发,把楚怀王从盱眙迁出,并建都彭城。吕臣驻军在彭城东面,项羽驻扎在彭城西面,刘邦则驻扎在砀地。

7. 后九月,楚怀王并吕臣、项羽军,自将之;以沛公为砀郡长,封武安侯,将砀郡兵;封项羽为长安侯,号为鲁公;吕臣为司徒,其父吕青为令尹。

译文

闰九月,楚怀王合并了吕臣和项羽的军队,由自己统率;任命刘邦为砀郡长,封为武安侯,统领砀郡兵马;封项羽为长安侯,号称鲁公;任命吕臣为司徒,他的父亲吕青为令尹。

8. 初,楚怀王与诸将约:“先入定关中者王之。”当是时,秦兵强,常乘胜逐北,诸将莫利先入关;独项羽怨秦之杀项梁,奋愿与沛公西入关。怀王诸老将皆曰:“项羽为人,慓悍猾贼,尝攻襄城,襄城无遗类,皆坑之;诸所过无不残灭。且楚数进取,前陈王、项梁皆败,不如更遣长者,扶义而西,告谕秦父兄。秦父兄苦其主久矣,今诚得长者往，无侵暴，宜可下。项羽不可遣；独沛公素宽大长者，可遣。”怀王乃不许项羽，而遣沛公西略地，收陈王、项梁散卒以伐秦。

译文

当初，楚怀王与各路将领约定：“先攻入关中的人，就在关中称王。”当时，秦军强大，经常乘胜追击败北的敌军。楚将中没有谁认为先入关是有利的，唯独项羽愤恨秦军杀了项梁，希望同刘邦一起往西进入关中。楚怀王的老将们都说：“项羽为人，剽悍、狡诈、凶残，曾经在攻破襄城时，将襄城军民统统活埋，没留一个。凡是他经过的地方，无不遭到残杀毁灭。况且楚军几次进攻，先前陈胜、项梁都失败了，因此不如改派敦厚的长者率领楚军，依仗仁义西进，明白告诉秦地的父老乡亲。秦地的父老乡亲遭受他们君主的暴政已经很久了，现在若是真的有敦厚的长者前往，不施侵夺暴虐，关中应当是可以攻下的。项羽不可派遣，只有刘邦宽宏大量，有长者气度，可以派遣。”楚怀王于是没有答应项羽，而派刘邦西进夺取土地，收容陈胜、项梁的散兵游勇，以攻击秦军。

导读

刘邦既没有像项羽那样的高贵出身，也没有项羽叱咤剽悍的勇猛气概，却能夺得天下，自有他的过人之处。刘邦最大的优点就是豁达大度。正因为豁达大度，所以能看得开，懂得顺势而为。譬如，当初他做泗上亭长时，押送夫役去骊山，鉴于夫役中途逃跑，知道这样下去不行，会全部跑光的，于是，顺水推舟干脆将他们全部释放。他率兵西略时，因为实力不够强大，他采取打得赢就打、打不赢就跑的策略，许多地方他都是绕过去的。譬如：攻打昌邑（治今山东巨野南），没能拿下，便绕过去了；攻打开封，又没能攻下，便放弃了；率军西进，在洛阳东面与秦军交战失利，便向南撤出轘(huán)辕关；在南阳郡，他又率军绕过了宛(yuān)城(治今河南南阳市)。后来，张良劝他最好能拿下宛城，以免腹背受敌，他才又连夜绕回来，包围了宛城。也正因为他豁达大度，所以能虚怀若谷，从谏如流，对别人提出的许多建设性意见，都能听得进去，而且不吝惜赏赐。率军西进时，经过高阳(在今河南杞县西南)，高阳人郦食(yì)其(jī)游说刘邦，说陈留是天下的要冲，是四通八达的枢纽，城中贮存了许多的粮食；而郦食其本人与陈留县令又有交情，愿意充当说客，劝其向刘邦投降。刘邦于是派郦食其前往陈留，自己率军跟随，结果真的拿下了陈留，刘邦便封郦食其为广野君。郦食其跟他的弟弟郦商一说，郦商便召集了四千多青年，来投奔刘邦。刘邦以郦商为将军，命他率陈留的部队相随；而郦食其常常作为说客，出使各诸侯国。包围宛城后，刘邦又接受南阳郡守齮(yǐ)的舍人陈恢的劝说，同意与齮和谈，使齮主动投降。刘邦封齮为殷侯，封陈恢为千户。也因他听得进别人的意见，故常常知错即改。郦食其托他的同乡向刘邦引荐时，这位同乡劝他不要以儒生的身份去游说，并说沛公傲慢无礼，与人谈话时，常常破口大骂；尤其不喜欢儒生，每当宾客中有戴着儒生帽子的人来时，沛公总是脱下他们的帽子，往里面撒尿。郦食其到高阳旅舍去见刘邦，当时，刘邦正叉开两腿坐在床上，让两名女子给他洗脚，如此便接见了郦食其。郦其食也就只是拱了拱手，并不跪拜，并对刘邦说："您是想助秦攻打诸侯呢，还是想率领诸侯伐秦？"刘邦大骂他是"竖儒"(对儒生的鄙称)。郦食其便质问刘邦："既然想聚集民众、会合正义之师讨伐暴秦，为何对长者如此无礼？"刘邦立即停止洗脚，起身整理好衣服，请郦食其在尊客席上就座，并向他道歉。进入咸阳后，刘邦看到秦国的宫室、帷帐、名种狗马、贵重宝器和宫女数以千计，便想留下来在皇宫中居住。樊哙劝刘邦不要滞留在宫里，刘邦不听；张良也要他听取樊哙的劝告，刘邦于是率军返回了灞上。张良曾用《太公兵法》的道理向别人献策，那些人都不能领悟；刘邦却很赏识他，对他简直是言出必从，因此，张良常常感叹："沛公大概是天赋之才吧！"于是，一心一意跟着刘邦，为他出谋划策。正因为刘邦非常豁达大度，虚怀若谷，能得人和，故而网罗到一大批人才，最终以弱胜强，打败项羽，夺得天下。

项梁举兵

秦二世元年（前 209）九月，楚地贵族项梁与侄儿项羽杀会（kuài）稽郡（治今苏州市）郡守殷通，在吴中（今苏州）起兵。次年三月，广陵（治今江苏扬州市西北蜀冈上）人召平为陈胜攻夺广陵时，假传陈胜的命令，授给项梁楚上柱国的官职，命他火速率军向西攻打秦军。于是项梁率领八千人渡过长江，往西进发。当时陈婴也已经攻克了东阳（治今江苏盱眙东南东阳），认为项氏在楚国享有盛名，就以所部两万人归项梁统帅；黥布和蒲将军也将他们的部众归属于项梁指挥。这样，项梁的部众发展到六七万人，并驻扎在下邳（今江苏睢宁北）。东阳人宁君和秦嘉听闻陈胜兵败，便拥立景驹为楚王。项梁听说秦嘉背叛陈王而立景驹，便率军攻打秦嘉，并兼并了他的军队，然后率军西进。项梁听说陈胜确实死了，就召集各部将领到薛议事。他采纳居巢（治今安徽桐城市南）人范增的建议，从民间找到老楚怀王的孙子芈心，立为楚怀王，项梁则自号为武信君。同年七月，项梁率军在东阿击败了秦将章邯，接着又在定陶再度击溃秦军。其部将项羽、刘邦也在雍丘（治今河南杞县）大败秦军，并斩杀了三川（治今洛阳市东北）郡守李由。项梁更加轻视秦军，不听宋义的劝告，结果被章邯在定陶打败，项梁战死。项羽、刘邦和将军吕臣听闻项梁战死，率军东撤，并把怀王芈心从盱眙迁出，建都彭城。吕臣和项羽分别驻军彭城的东西两面，刘邦则屯驻砀地。闰九月，楚怀王合并了吕臣、项羽二人的军队，由自己统率。

原文节选

1. 项梁者，楚将项燕子也，尝杀人，与兄子籍避仇吴中。吴中贤士大夫皆出其下。籍少时学书，不成，去；学剑，又不成。项梁怒之。籍曰："书，足以记名姓而已！剑，一人敌，不足学；学万人敌！"于是项梁乃教籍兵法，籍大喜；略知其意，又不肯竟学。籍长八尺余，力能扛鼎，才器过人。会稽守殷通闻陈涉起，欲发兵以应涉，使项梁及桓楚将。是时，桓楚亡在泽中。梁曰："桓楚亡，人莫知其处，独籍知之耳。"梁乃诫籍持剑居外，梁复入，与守坐，曰："请召籍，使受命召桓楚。"守曰："诺。"梁召籍入。须臾，梁眴（shùn）籍曰："可行矣！"于是籍遂拔剑斩守头。项梁持守头，佩其印绶。门下大惊，扰乱；籍所击杀数十百人，一府中皆慑伏，莫敢起。梁乃召故所知豪吏，谕以所为起大事，遂举吴中兵，使人收下县，得精兵八千人。梁为会稽守，籍为裨将，徇下县。籍是时年二十四。

译文

项梁原是楚国大将项燕之子，曾经杀过人，与他哥哥的儿子项羽逃到吴地，躲避仇家。吴地有声望的士人，才能都不及项梁。项羽小时候学习写字，学不成就放弃了；学习击剑之术，又未学成。项梁很生气，项羽说："写字，能记名姓就行了！击剑不过是抵挡一人，也不值得学。要学能够抵挡万人的本事！"项梁便教他兵法，项羽很高兴，但是也不过略知其大意，又不肯学下去。项羽身长八尺多，力能举鼎，才干、器度高出一般人。会稽郡郡守殷通听到陈胜起兵的消息，想发兵响应，就命项梁和桓楚指挥军队。当时，桓楚正逃亡在湖泽中。项梁说:“桓楚在逃亡中,没有谁知道他落脚的地方,只有项羽知道他的行踪。”项梁就吩咐项羽持剑候在外面,自己又进去,在郡守身边坐下,说:“请您召见项羽,让他领命去召桓楚。”殷通说:“好。”项梁叫项羽进来。不一会儿,项梁向项羽使眼色说:“可以动手了!”项羽随即拔剑斩下了殷通的头。项梁手提郡守的头颅,佩带上他的官印。郡府内的人见状,大惊失色,乱作一团,被项羽所击杀的有几十上百人,一府之人都吓得俯伏在地上,没有谁敢起来。于是,项梁召集他从前熟悉的有势力的官吏,告诉他们起兵反秦的缘由,于是,起兵吴地,命人征召郡下所属各县兵员,共得精兵八千人。项梁自己做了会稽郡郡守,以项羽为副将,镇抚郡属各县。项羽此时二十四岁。

2. 广陵县人召平为陈王徇广陵,未下。闻陈王败走,章邯且至,乃渡江,矫陈王令,拜项梁为楚上柱国,曰:“江东已定,急引兵西击秦!”梁乃以八千人渡江而西。闻陈婴已下东阳,遣使欲与连和俱西。陈婴者,故东阳令史,居县中,素信谨,称为长者。东阳少年杀其令,相聚得二万人,欲立婴为王。婴母谓婴曰:“自我为汝家妇,未尝闻汝先世之有贵者。今暴得大名,不祥;不如有所属。事成,犹得封侯;事败,易以亡,非世所指名也。”婴乃不敢为王,谓其军吏曰:“项氏世世将家,有名于楚;今欲举大事,将非其人不可。我倚名族,亡秦必矣!”其众从之,乃以兵属梁。

英布既破秦军,引兵而东;闻项梁西渡淮,布与蒲将军皆以其兵属焉。项梁众凡六七万人,军下邳。

译文

[秦二世二年(前208),三月]广陵人召平为陈胜攻夺广陵,没能攻陷。他听说陈胜兵败逃亡,章邯的军队又即将到来,便渡过长江,假传陈胜的命令,授给项梁楚上柱国的官职,说:“长江以东已经平

定，请赶紧率军向西攻打秦军！”项梁于是就领八千人渡过长江，往西进军。项梁听说陈婴已经攻克了东阳，就派使者联系陈婴，想和他一同西进。陈婴是过去东阳县的令史，住在县城中，一向诚信谨慎，被称作长者。东阳县的年轻人杀掉了县令，相聚得两万人，欲拥立陈婴为王。陈婴的母亲对陈婴说：“从我做你们家的媳妇起，不曾听说你的祖先中有过地位显贵的人。而今突然获得如此大的名声，可不是什么好事，不如有所托属。事情若是成功了，还可以封侯；事情若失败了，也容易逃亡，因为不是世上所指名谴责的人。”陈婴于是不敢称王，对他的军官们说：“项家世代为将门，在楚国享有盛名，如今想要办大事，将帅一定要这种人。我们依靠名门望族，灭亡秦朝必定成功！”他的部下听从了他的话，率部归附了项梁。

黥布已经击败了秦军，领兵东进。听说项梁西渡淮河，黥布和蒲将军都带自己的军队归属于项梁指挥。项梁的部众共有六七万人，驻扎在下邳。

3. 梁闻陈王定死，召诸别将会薛计事，沛公亦往焉。居巢人范增，年七十，素居家，好奇计，往说项梁曰：“陈胜败，固当。夫秦灭六国，楚最无罪。自怀王入秦不反，楚人怜之至今。故楚南公曰：‘楚虽三户，亡秦必楚。’今陈胜首事，不立楚后而自立，其势不长。今君起江东，楚蜂起之将皆争附君者，以君世世楚将，为能复立楚之后也。”于是项梁然其言，乃求得楚怀王孙心于民间，为人牧羊；夏，六月，立以为楚怀王，从民望也。陈婴为上柱国，封五县，与怀王都盱眙。项梁自号为武信君。

译文

项梁听说陈胜确实死了，就召集各路将领到薛议事，刘邦也前往参加。居巢人范增，年纪有七十了，平素闲居在家，喜欢出奇妙的计策，听闻此事，就前去劝说项梁道："陈胜失败理所应当。秦朝灭亡六国，楚国并没有罪过。自从楚怀王到秦国后，一去不复返，楚人直到今天还在怀念他。所以楚南公说：'楚国即使只剩三户人家，灭亡秦朝的必定是楚国。'如今陈胜首先起事，不拥立楚王的后裔而自立为王，他的发展势头不会长久。现在，您在江东起兵，楚地蜂拥而起的将领都争相归附您，正因为您家世代是楚国将领，认为您能复立楚王的后代啊！"项梁听了，觉得范增说得有道理，就从民间找到楚怀王的孙子芈心，芈心这时正在给人家放羊。夏季，六月，项梁拥立芈心为楚怀王，以顺从百姓的心愿。陈婴任楚国的上柱国，赐封五县，跟随怀王建都盱眙。项梁自号为武信君。

4. 项梁已破章邯于东阿，引兵西，比至定陶，再破秦军。项羽、沛公又与秦军战于雍丘，大破之，斩李由。项梁益轻秦，有骄色。宋义谏曰："战胜而将骄卒惰者，败。今卒少惰矣，秦兵日益，臣为君畏之！"项梁弗听。乃使宋义使于齐，道遇齐使者高陵君显，曰："公将见武信君乎？"曰："然。"曰："臣论武信君必败；公徐行即免死，疾行则及祸。"二世悉起兵益章邯击楚军，大破之定陶，项梁死。

译文

武信君项梁在东阿击败了章邯后，领兵往西，接近定陶时，再次击败了秦军。项羽、刘邦又在雍丘与秦军交战，把秦军打得大败，还杀了三川郡守李由。于是，项梁更加轻视秦军，并露出骄傲的神色。宋义劝道："战胜后，如果将领骄傲、士卒懈怠，就会吃败仗。现在士卒渐渐懈怠，秦兵却在日渐增多，我真替您担心！"项梁不听劝告。于是派宋义出使齐国。宋义在路上遇到齐国的使者高陵君显，问道："您是要去见武信君吗？"高陵君显说："是的。"宋义说："我看武信君必定会失败。您慢点去，可免一死，若快速赶去，就会遭殃。"这时，秦

二世调动全部军队增援章邯攻打楚军,并在定陶大败楚军,项梁战死。

导读

秦末的动荡,与秦二世的暴政当然有一定的关系,但还有着更深层次的原因。数百年的分崩离析,其乱象犹如惊涛骇浪。大乱不会骤然平息,就好比惊涛骇浪不会立刻止息一样,即便止息下来,也还会有余波涌动。余波过后,真正的风平浪静才会出现。所以,大分裂之后建立的第一个大一统王朝,大都不会长久,像秦朝、隋朝,都是二世而亡。它们虽然结束了先前的分裂,却基本上享受不了胜利的成果,它们不过是为汉朝和唐朝做嫁衣而已。为什么还会有“余波涌动”呢?这是因为大乱之后,人们的心思还比较活络,还保持着过去的习惯性思维。秦国虽然统一了天下,但是原来六国的旧贵族还在,他们常思风尘之变,一有风吹草动,就纷纷跳了出来,希望能恢复旧业。陈胜、吴广带领几百名手无寸铁的戍卒,按理说是掀不起多大风浪的,但由于人心尚在思乱,一旦有人揭竿而起,整个天下顿时就会骚动起来。陈胜进据陈县(春秋陈国,楚灭亡置县,治今河南淮阳)后,原魏国名士陈余、张耳劝陈胜不要急于称王,而应该派人立六国后人为王,让他们各自扩大势力,这样就让秦平添了许多的敌人。陈胜没有听从他们的建议,竟自称王立国,“号为张楚”。张、陈二人复劝陈胜派武臣率军北略赵地,乘机劝武臣自立为赵王;武臣败后,他们求得赵氏后裔赵歇,立为赵王。陈胜部将周市北徇魏地,略地到狄城时,又有齐王族田儋与堂弟田荣、田横等杀狄令,自立为齐王,发兵击退周市,东略定齐地。周市从狄城退回魏地,特地从陈县迎回魏公子宁陵君魏咎,立为魏王。选文中,也提到楚国旧贵族项梁采纳范增的建议,寻访到楚怀王的孙子芈心,拥立为楚怀王。如此等等,不一而足,如同沉渣泛起,很是热闹了一阵。但是腐朽、陈旧的事物终将会退出历史的舞台,郡县制取代封建制(分藩建国制)是必然的趋势,新的大一统王朝就在这纷扰之中酝酿产生。

巨鹿之战

秦二世二年(前208),九月,章邯大败项梁之后,便认为楚地的兵事不值得忧虑,就率军渡过黄河,向北攻打赵国。他大败赵军,而后抵达邯郸,并将城中百姓全部迁徙到河内,还铲平了邯郸的城郭。张耳与赵王歇逃入巨鹿城(在今河北平乡西南),秦将王离领兵将巨鹿团团围住。赵国于是多次向楚国求救。楚怀王任命宋义为上将军,项羽为次将,范增为末将,领兵去援救赵国。各路部众的将领也都归宋义统领,号称为"卿子冠军"。宋义率军到达安阳,逗留了四十六天不进。项羽劝其赶快进兵,宋义并不听从。秦二世三年(前207),十一月,项羽乘晋见之机,在营帐中杀了宋义,怀王便让项羽担任了上将军。项羽杀了宋义后,立即派当阳君黥布和蒲将军领兵两万渡黄河援救巨鹿,接着自己又率领全军渡过黄河。楚军凿沉船只,砸毁锅、甑,勇往直前,一到巨鹿就包围了王离,与秦军交战九次,都大败秦军,章邯领兵退却。当时援救巨鹿的诸侯国的军队有营垒十多座,却都畏缩不敢出击。秦、楚二军交战之际,诸侯军的将领都在营垒上观战。见楚军士兵无不以一当十,喊杀声惊天动地,诸侯军人人惊恐不已。直到秦军败退,各国的援兵这才敢出击。于是,他们一鼓作气,全歼了王离的军队,并于数月后,迫使章邯的二十万秦军投降。

原文节选

1. 章邯已破项梁,以为楚地兵不足忧,乃渡河,北击赵,大破之;

引兵至邯郸，皆徙其民河内，夷其城郭。张耳与赵王歇走入巨鹿城，王离围之。陈馀北收常山兵，得数万人，军巨鹿北；章邯军巨鹿南棘原。赵数请救于楚。

译文

［秦二世二年（前208），九月］章邯已打败了项梁，认为楚地的兵事没什么好担心的了，于是渡过黄河，向北进攻赵国，并大败赵军；而后率军来到邯郸，将城中百姓都迁徙到河内，并铲平了邯郸的城郭。张耳与赵王歇逃入巨鹿城，秦将王离领兵包围了巨鹿。陈馀向北收集常山的兵士，得了几万人，驻扎在巨鹿北面；章邯驻扎在巨鹿南面的棘原。赵国多次向楚国求援。

2. 高陵君显在楚，见楚王曰："宋义论武信君之军必败；居数日，军果败。兵未战而先见败征，此可谓知兵矣！"王召宋义与计事而大说之，因置以为上将军，项羽为次将，范增为末将，以救赵。诸别将皆属宋义，号为"卿子冠军"。

译文

齐国使者高陵君显正在楚国，觐见楚怀王说："宋义曾跟我说武信君的军队必败；只过了几天，项军果然失败。军队尚未开战就预见到了败亡的征兆，这可以说得上颇懂兵法！"楚怀王召宋义前来商议事情，因为很喜欢他，便任命他为上将军，项羽为次将，范增为末将，领兵去援救赵国。各路将领都归宋义统领，号称"卿子冠军"。

3. 宋义行至安阳，留四十六日不进。项羽曰："秦围赵急，宜疾引兵渡河；楚击其外，赵应其内，破秦军必矣！"宋义曰："不然。夫搏牛之虻，不可以破虮虱。今秦攻赵，战胜则兵疲，我承其敝；不胜，则我引兵鼓行而西，必举秦矣。故不如先斗秦、赵。夫被坚执锐，义不如公；坐运筹策，公不如义。”因下令军中曰：“有猛如虎，狠如羊，贪如狼，强不可使者，皆斩之！”

译文

［秦二世三年（前207），十月］宋义率军来到安阳，滞留四十六天不进。项羽说：“秦军围困赵军，战事十分危急，应立即领兵渡过黄河；楚军在外攻击，赵军在内接应，一定能打败秦军！”宋义说：“不对。不能用拍打牛虻的方法，来消灭牛毛中的小虮虱。现在，秦军攻打赵军，如果秦军战胜，其军会疲惫，我们可乘其疲惫之机发动进攻；如果秦军失败，我们就可以率军擂鼓西进，必定能够灭了秦军。所以，不如先让秦、赵两军相斗。说到身披铠甲、手持锐利的武器冲锋陷阵，我不如您；但运筹帷幄，您不如我。”因此在军中下令说：“凡是猛如虎、狠如羊、贪如狼、强横不听指挥的人，一律处斩！”

4. 十一月，项羽晨朝上将军宋义，即其帐中斩宋义头。出令军中曰：“宋义与齐谋反楚，楚王阴令籍诛之！”当是时，诸将皆慑服，莫敢枝梧，皆曰：“首立楚者，将军家也；今将军诛乱。”乃相与共立羽为假上将军。使人追宋义子，及之齐，杀之。使桓楚报命于怀王。怀王因使羽为上将军。

译文

［秦二世三年（前207）］十一月，项羽早晨去晋见上将军宋义，并在营帐中斩了宋义的头。出帐后，项羽号令军中说：“宋义与齐国合谋反楚，楚王密令我杀了他！”这时，众将领都因畏惧而屈服，没有谁

敢抗拒，都说："首先拥立楚王的是将军您家中的人；如今又是您诛除了乱臣贼子。"于是，共同推立项羽为代理上将军。项羽派人去追宋义之子，在齐地追上后，将他杀了。又派桓楚向怀王报告情况，怀王便让项羽担任了上将军。

5. 项羽已杀卿子冠军，威震楚国，乃遣当阳君、蒲将军将卒二万渡河救巨鹿。战少利，绝章邯甬道，王离军乏食。陈馀复请兵。项羽乃悉引兵渡河，皆沉船，破釜、甑，烧庐舍，持三日粮，以示士卒必死，无一还心。于是至则围王离，与秦军遇，九战，大破之；章邯引兵却。诸侯兵乃敢进击秦军，遂杀苏角，虏王离；涉閒不降，自烧杀。当是时，楚兵冠诸侯；军救巨鹿者十余壁，莫敢纵兵。及楚击秦，诸侯将从壁上观。楚战士无不一当十，呼声动天地，诸侯军无不人人惴恐。于是已破秦军，项羽召见诸侯将；诸侯将入辕门，无不膝行而前，莫敢仰视。项羽由是始为诸侯上将军，诸侯皆属焉。

译文

项羽已杀了"卿子冠军"宋义，声威震动楚国，于是派当阳君黥布和蒲将军领兵两万渡黄河援救巨鹿。战事慢慢好转，他们截断了章邯修建的甬道，使王离的军队粮食短缺。陈馀再次请求增援，项羽便率领全军渡过黄河。他们凿沉船只，砸毁锅、甑，烧掉营舍，只携带三天的口粮，以此表明誓死一战、毫不退缩的决心。就这样，楚军一到巨鹿，就包围了王离，经过九次交锋，大败秦军；章邯领兵退却。各国的援兵这才敢出击秦军，于是杀了苏角，俘获了王离；涉閒不肯投降，自焚而死。此时，楚军的威势盖过了诸侯军；援救巨鹿的诸侯军有营垒十多座，却都不敢发兵出击。楚军攻打秦军时，诸侯军的将领都在营垒上观战。见楚军士兵无不以一当十，喊杀声惊天动地，诸侯军人人惊恐不已。打败了秦军后，项羽召见诸侯军将领；这些将领进入辕门时，没有一个不是跪着前行的，谁都不敢仰头看项羽。项羽从此开始成为诸侯军的上将军，各路诸侯都归属他。

导读

秦二世二年(前208)，闰九月，楚军兵分两路：其西路军由刘邦率领，出颍川(治所在阳翟，今河南省许昌的禹州)、南阳，西行，经武关(在今陕西商洛市丹凤县东南)，进入关中；北路军由“卿子冠军”宋义率领，北上以解巨鹿之围。宋义智大于勇，其逗留不进，有畏敌的成分，当然也有“鹬蚌相争，渔翁得利”的心理。宋义之死，死在机心太重。机心深，祸也深，运用得不好，就会适得其反。项羽杀了宋义，以破釜沉舟的气概，率领义军一举击破秦军，从此确立了他在各路义军中的领导地位。经此一战，秦军主力丧失殆尽，刘邦所率西路军也因此顺利地攻入关中。此时，秦二世已经被赵高弑杀，新继位的子婴去了帝号，称秦王，投降刘邦，秦朝灭亡。项羽在巨鹿大破秦军之后，率领诸侯军挺进关中。项羽行至函谷关，听闻刘邦已经捷足先登，大怒，派兵攻破了函谷关，四十万大军驻扎在新丰鸿门(在今陕西西安市临潼区东北鸿门堡村)。刘邦军十万驻扎在灞上(在今陕西西安市东，因在灞水西高原上得名，即今天的白鹿原)，由于众寡悬殊，刘邦只好赴项羽的营中赔罪。“鸿门宴”上，项羽没有听从范增的劝告，放过了刘邦。项羽进入咸阳，纵兵大掠，杀秦王子婴，焚秦宫室，大火三月不灭；并自立为西楚霸王，在戏下大封诸侯，违背先前约定，封刘邦为汉王，都于南郑(在陕西省西南部、汉水上游，邻接四川省)；复以章邯、董翳(yì)、司马欣为“三秦王”，来制约他。刘邦不胜愤怒，张良劝他忍耐，并建议他将出入的栈道焚毁，表示无意东归，以减少项羽的猜忌。项羽东归，建都于彭城，诸侯各前往封国。汉元年(前206)，八月，齐、赵等诸侯相继叛乱，项羽率军前往平乱。刘邦听从萧何的举荐，拜韩信为大将军，同年十一月，采取“明修栈道，暗度陈仓”

的办法，从陈仓（治今陕西宝鸡市东）古道突出，一举平定了三秦之地，举兵东向，同项羽争夺天下，楚汉战争爆发。《资治通鉴》以这一年（汉元年）接续秦纪来记事，是为汉纪的开端。

三、汉纪

韩信用兵

汉元年(前206),四月,戏下分封之后,诸侯各回封国。五月,齐相田荣起兵反叛项羽,击并三齐,自立为齐王。汉王刘邦也拜韩信为大将军。汉军于八月从陈仓古道突出,一举攻取了关中之地。汉二年(前205),四月,刘邦进至洛阳,为被项羽弑杀的义帝发丧,遂率五十六万诸侯兵伐楚,攻占了项羽的都城彭城。项羽从齐地驰回,大破汉军于彭城,汉王几乎全军覆没,仅得与数十骑遁去。六月,刘邦收关中士卒回到荥(xíng)阳,在荥阳以东、京(县)索(亭)之间击败楚军,并与项羽相持于荥阳、成皋(在今河南荥阳市汜水镇西)一线。八月,汉王任命韩信为左丞相,与灌婴、曹参一起去攻打魏国。魏王豹在蒲坂(在今山西永济市西蒲州)部署重兵,以阻挡从临晋(治今陕西大荔东朝邑旧县西南)方面来的韩信军队。韩信却声东击西,从夏阳(治今陕西韩城市南)乘坐大木瓮渡河,袭击安邑,俘获了魏豹,平定了魏地。其后,韩信派人向刘邦请求增兵三万人,想用这些兵力北进去攻克燕、赵的领地,向东去攻打齐国,往南断绝楚军的粮道。汉王准许了他的请求,并派张耳与他一起领兵东进,往北去攻打赵国和代国。闰九月,韩信击垮代军,在阏(yù)与(在今山西和顺)抓获了代国的相国夏说。汉三年(前204),十月,韩信和张耳率领几万名士兵向东攻打赵国。成安君陈馀不采纳李左车的建议,执意要在井陉口与韩信决战。韩信用“背水一战”的战法，大破赵军，在泜(zhī)水边杀了陈馀，活捉了赵王歇。后来，韩信又虚心向李左车求教，采纳其建议，用“先声夺人”的策略，兵不血刃地降服了燕国。六月，韩信发兵攻击齐国，于汉四年(前203)十一月，完全平定了齐地。

原文节选

1. 三年，冬，十月，韩信、张耳以兵数万东击赵。赵王及成安君陈馀闻之，聚兵井陉口，号二十万。

译文

汉三年(前204)，冬季，十月，韩信和张耳率领几万名士兵向东攻打赵国。赵王赵歇和成安君陈馀闻讯，即在井陉口集结部队，号称二十万大军。

2. 广武君李左车说成安君曰：“韩信、张耳乘胜而去国远斗，其锋不可当。臣闻‘千里馈粮，士有饥色；樵苏后爨(cuàn)，师不宿饱’。今井陉之道，车不得方轨，骑不得成列；行数百里，其势粮食必在其后。愿足下假臣奇兵三万人，从间路绝其辎(zī)重；足下深沟高垒勿与战。彼前不得斗，退不得还，野无所掠，不至十日，而两将之头可致于麾下；否则必为二子所禽矣。”

成安君尝自称义兵，不用诈谋奇计，曰：“韩信兵少而疲，如此避而不击，则诸侯谓吾怯而轻来伐我矣。”

译文

广武君李左车劝谏成安君陈馀说：“韩信、张耳乘胜势离开本土到远处作战，兵力锋锐不可当。我听说‘千里运粮，士兵因吃不饱而面有饥色；到吃饭时才拾柴割草来做饭，军队就会常常食不果腹’。现今井陉这条路，车辆不能并行，骑兵不能成排；部众前后拉长达几百里，部队粮草势必落在后面。请您暂时拨给我精兵三万人，让我抄小路去截断他们载物资的车；您则深挖壕沟、高筑营垒，不与他们交战。他们向前不能拼战，向后又退不回去，荒野中抢不到食物，不到十天，韩信、张耳这两个将领的头颅就可以献到您的帐前了；不这样做，就必定会被他们二人俘虏。”

陈馀曾经自称是仁义之师，不使用阴谋诡计，就说：“韩信的兵力单薄，而且疲惫不堪，对这样的军队还避而不击，各诸侯会觉得我胆怯而轻易来攻打我了。”

3. 韩信使人间视，知其不用广武君策，则大喜，乃敢引兵遂下。未至井陉口三十里，止舍。夜半，传发，选轻骑二千人，人持一赤帜，从间道萆（bì）山而望赵军。诫曰：“赵见我走，必空壁逐我；若疾入赵壁，拔赵帜，立汉赤帜。”令其裨将传餐，曰：“今日破赵会食！”诸将皆莫信，佯应曰“诺”。信曰：“赵已先据便地为壁；且彼未见吾大将旗鼓，未肯击前行，恐吾至阻险而还也。”乃使万人先行，出，背水陈；赵军望见而大笑。

译文

韩信派人暗中打探，得知陈馀不采纳广武君李左车的计策，于是非常高兴，便大胆地率军径直前进。在距离井陉口三十里的地方，停下来宿营。到了半夜，传令部众出发，并挑选轻骑兵两千人，每人手持一面红旗，从小道上山隐蔽起来，察看赵军的动静。韩信告诫他们说：“赵军看到我军后退，必定会倾巢出动来追我们；你们到时候迅速冲入赵军营寨，拔掉赵军的旗帜，插上我们的红旗。”又命副将送来一些干粮，说：“待今天打败赵军后再会餐！”将领们都不相信，假意答应道："好。"韩信说："赵军已先占据了有利地形筑造了营垒，而且他们看不到我们大将的旗帜和仪仗，肯定不会攻击我军的先头部队，怕我们到了险要的地方退回去。"于是，韩信派遣一万人为先锋，开出营寨，背靠着河水摆开阵势；赵军将士见了，都哈哈大笑。

4. 平旦，信建大将旗鼓，鼓行出井陉口；赵开壁击之，大战良久。于是信与张耳佯弃鼓旗，走水上军；水上军开入之，复疾战。赵果空壁争汉旗鼓，逐信、耳。信、耳已入水上军，军皆殊死战，不可败。信所出奇兵二千骑共候赵空壁逐利，则驰入赵壁，皆拔赵旗，立汉赤帜二千。赵军已不能得信等，欲还归壁；壁皆汉赤帜，见而大惊，以为汉皆已得赵王将矣，兵遂乱，遁走，赵将虽斩之，不能禁也。于是汉兵夹击，大破赵军，斩成安君泜水上，禽赵王歇。

译文

天刚刚亮，韩信就竖起大将的旗鼓，击鼓开出了井陉口；赵军也打开营门迎击，双方大战了很久。于是韩信和张耳假意丢弃旗鼓，逃往河边的阵营。河边部众打开营门放他们进去，再和赵军激战。赵军果然倾巢出动，来争抢汉军的旗鼓，追逐韩信和张耳。韩信、张耳进入河边的阵地后，赵军拼死奋战，怎么也打不败他们。韩信派出的两千名奇兵，在等赵军倾巢出动争夺战利品时，迅速奔入赵军营地，拔掉了赵军所有的旗帜，插上两千面汉军红旗。赵军无法抓获韩信等人，打算退回营地，却发现营垒中全是汉军的红旗，因而大惊失色，以为汉军已将赵王的将领全部俘获了。于是，士兵们一片混乱，纷纷逃跑，赵将即使斩杀了一些逃兵，也还是禁止不住。于是汉军前后夹击，大败赵军，在泜水边杀了成安君陈馀，活捉了赵王赵歇。

导读

汉初，高祖刘邦曾有过这样的论断：“夫运筹帷幄之中，决胜千里之外，吾不如子房（指张良）；填国家、抚百姓、给饷馈、不绝粮道，吾不如萧何；连百万之众，战必胜，攻必取，吾不如韩信。三者皆人杰，吾能用之，此吾所以取天下者也。”作为与萧何、张良并称为“汉初三杰”之一的韩信，是我国历史上杰出的军事家，为汉朝的建立立下了不朽的功勋。韩信年轻的时候，很是潦倒，因家境贫寒，既没能被推举做官，又不会经商，连肚子都填不饱。一个在水边漂洗丝绵的老太太见他可怜，就分了口饭给他吃。韩信很感激，希望自己有朝一日能报答老太太的恩情。老太太听了，训斥他作为男子汉大丈夫，连自己都养不活。她不过是可怜他，才给了他一口饭吃，并不希图他报答什么。韩信的家乡淮阴城里有个年轻的屠户曾当众羞辱韩信，说韩信虽然身材高大，喜欢佩带刀剑，但其实胆小如鼠，若是真的不怕死，何不刺他一剑？否则，就乖乖地从他的胯下爬过去。韩信仔细地端详了一会，居然真的趴下身子，从那人的胯下钻了过去。满街市的人都嘲笑韩信，认为他胆小。后来，韩信投奔到项梁军中，也一直默默无闻。项梁死后，他又跟着项羽，当了个郎中，并多次向项羽献策，项羽都没有采纳。韩信便改投汉王刘邦，但境遇依然没有改善。一个偶然的机会，韩信得到了滕公夏侯婴的赏识。夏侯婴向汉王举荐了他。汉王于是封他为治粟都尉，但仍没觉得他有何过人之处。韩信与萧何有过几次交谈，萧何感觉他不同于常人，又向汉王举荐他，还是没有引起汉王的重视。韩信有些绝望，决定逃走。萧何听说韩信逃走了，没来得及向汉王报告，就去追韩信。有人告诉汉王，说丞相萧何跑了。汉王大发雷霆，仿佛失掉了左右手一般。过了一两天，萧何来见汉王。汉王又怒又喜，大骂萧何，问他为何要跑。萧何说他是去追赶逃跑的人。汉王问追赶的是谁，萧何说是韩信。汉王又骂，说他纯粹扯淡，逃跑的将领那么多，为何单单去追韩信。萧何说：“韩信可不一样,韩信是天下无双的杰出人才,汉王如果只是想在汉中称王便罢了,倘若要争夺天下,则非重用韩信不可。”就这样,在萧何的大力举荐下,汉王决定任命韩信为大将军,还郑重其事地选择了黄道吉日,举行了隆重的授职仪式。仪式结束后,韩信与汉王进行了一次长谈,他为汉王分析了当时的形势,比较了汉王与项羽的优劣得失,制订了今后的行动策略。一席话下来,汉王大喜过望,有相见恨晚之感。韩信自此风生水起,飞黄腾达,成为楚汉战争期间名列第一的大将,受封为齐王;灭项羽后,被改封为楚王。然而,刘邦十分忌惮韩信的才能,借故将他贬为淮阴侯。韩信因此闷闷不乐,羞与绛侯周勃、将军灌婴同列。有一次,韩信去拜访将军樊哙,樊哙用跪拜的礼节迎送他,口称臣子,说道:“大王竟肯光临我这里!”韩信出门后,讪笑着说:“我竟然沦落到和樊哙等人为伍了!”

刘邦最终以谋反罪,处死了韩信。

项羽败亡

汉四年(前203),十一月,韩信完全平定了齐地,请求汉王让他暂时代理齐王。汉王虽很恼火,但仍派张良带着印信去封韩信为齐王,并征调他的部队去攻打楚军。项羽派人游说齐王韩信,蒯(kuǎn)彻也劝韩信叛汉与楚联合,三分天下,各立为王。但韩信感激汉王的知遇之恩,不忍背弃。项羽失道寡助,不得已与汉议和,双方以鸿沟(古运河名,在今河南省)为界。同年九月,项羽将太公、吕后送归汉王,便领兵解阵东归。汉王也想西归,张良、陈平劝他不要养虎为患,于是,追击项羽。汉五年(前202),十月,汉王追击项羽到达固陵(在今河南太康南),韩信和彭越却没有如期前来合击楚军。楚军攻打汉军,并大败了汉军。于是,汉王接受张良的建议,把从睢阳（在今南商丘市南）以北到雒（luò）城的地区都封给彭越，把从陈县以东到沿海地区的区域划给韩信，让他们各自为自己的利益而战。于是，韩信、彭越都率军前来。十二月，项羽在垓（gāi）下（在今安徽固镇东北沱河南岸）陷入汉军的重围，夜间听到四面楚歌，以为楚地尽为汉有，不禁悲从中来。慷慨悲歌之后，项羽率数百骑突围南奔，渡过淮河，到达阴陵（在今安徽定远西北），因受骗陷入大泽，被汉军追上，再次陷入重围。项羽奔到东城，身边只剩二十八骑，而追来的汉军达几千人。一阵左冲右突之后，项羽溃围来到乌江（在今安徽和县东北苏、皖界上的乌江镇）。乌江亭长泊船相候，劝他渡江，说："江东虽小，也足够称王。"项羽自觉愧对江东父老，放弃渡江，自刎而死。

原文节选

1.韩信使人言汉王曰："齐伪诈多变，反复之国也；南边楚。请为假王以镇之。"汉王发书，大怒，骂曰："吾困于此，旦暮望若来佐我；乃欲自立为王！"张良、陈平蹑汉王足，因附耳语曰："汉方不利，宁能禁信之自王乎！不如因而立之，善遇，使自为守；不然，变生。"汉王亦悟，因复骂曰："大丈夫定诸侯，即为真王耳，何以假为！"春，二月，遣张良操印立韩信为齐王，征其兵击楚。

译文

韩信派人向汉王上书说："齐国伪诈多变，是个反复无常的国家；而且，它的南边又临近楚国。请让我暂时代理齐王以镇抚齐国。"汉王打开书信一看，大怒，骂道："我被困在这里，日夜盼你来帮助我；你竟然想要自立为王！"张良、陈平暗中踩了踩汉王的脚，接着凑到他耳边低声说："汉军目前处境不利，难道能禁止韩信自立为王吗？不如就势立他为王，好好待他，让他自行镇守齐国；如果不这样，可能会发生变故。”汉王也醒悟过来，于是，又骂道：“大丈夫平定了诸侯，就应该做正式的君王，做什么代理国王。”［汉四年（前 203）］春季，二月，汉王派张良带着印信去封韩信为齐王，征调他的部队去攻打楚军。

2. 项羽自知少助；食尽，韩信又进兵击楚，羽患之。汉遣侯公说羽请太公。羽乃与汉约，中分天下，割鸿沟以西为汉，以东为楚。九月，楚归太公、吕后，引兵解而东归。汉王欲西归，张良、陈平说曰：“汉有天下太半，而诸侯皆附；楚兵疲食尽，此天亡之时也。今释弗击，此所谓‘养虎自遗患’也。”汉王从之。

译文

项羽明白自己孤立少助；军粮也没有了，韩信又进军攻打楚军，他十分忧虑。汉王派侯公来劝项羽，请求接汉王的父亲太公回去。项羽于是与汉王订下条约：二人平分天下，划鸿沟以西归汉王，鸿沟以东划归楚王。［汉四年（前 203）］九月，项羽将太公、吕后送归汉王，随即领兵解阵东归。汉王也想西归，张良、陈平劝他道：“汉国已经占据大半个天下，诸侯又都来归附；楚军却兵疲粮尽，这正是上天让我们灭亡楚国的大好时机啊！如今放走楚军而不去追击，这就叫‘养虎遗患’呀。”汉王听从了他们的意见。

3. 十二月，项王至垓下，兵少，食尽，与汉战不胜，入壁；汉军及诸侯兵围之数重。项王夜闻汉军四面皆楚歌，乃大惊曰：“汉皆已得楚乎，是何楚人之多也！”则夜起，饮帐中，悲歌慷慨，泣数行下；左右皆泣，莫能仰视。于是项王乘其骏马名骓（zhuī），麾下壮士骑从者八百余人，直夜，溃围南出驰走。平明，汉军乃觉之，令骑将灌婴以五千骑追之。项王渡淮，骑能属者才百余人。至阴陵，迷失道，问一田父，田父绐曰“左”。左，乃陷大泽中，以故汉追及之。

译文

[汉五年(前202)]十二月，项羽到了垓下，兵少粮尽，与汉军交战没能取胜，退入营中；汉军和诸侯的军队将项羽营垒重重包围。项羽在晚上听到汉军四面都唱起楚人之歌，就大惊道："楚地都已经归属于汉了吗？不然怎么会有这么多楚人！"于是，他站起身来，在帐中饮酒，不禁慷慨悲歌，落下几行泪来；左右侍从全都哭了起来，没有谁敢抬头看他。就这样，项羽骑着他的名叫乌骓的骏马，部下的壮士八百多人骑马相随，当夜即突围往南奔驰。天大亮时，汉军才发觉，便命令骑将灌婴率五千名骑兵追赶。项羽渡过淮河，相随的骑兵能跟得上他的才一百多人。到达阴陵后，迷了路，项羽问一个农夫，农夫撒谎说"往左"。项羽往左走，却陷进了大沼泽地中，汉军因此便追上了他们。

4. 项王乃复引兵而东，至东城，乃有二十八骑；汉骑追者数千人。项王自度不得脱，谓其骑曰："吾起兵至今，八岁矣；身七十余战，未尝败北，遂霸有天下。然今卒困于此，此天之亡我，非战之罪也！今日固决死，愿为诸君快战，必溃围，斩将，刈旗，三胜之，令诸君知天亡我，非战之罪也。"乃分其骑以为四队，四乡。汉军围之数重。项王谓其骑曰："吾为公取彼一将。"令四面骑驰下，期山东为三处。于是项王大呼驰下，汉军皆披靡，遂斩汉一将。是时，郎中骑杨喜追项王，项王瞋目而叱之，喜人马俱惊，辟易数里。项王与其骑会为三处，汉军不知项王所在，乃分军为三，复围之。项王乃驰，复斩汉一都尉，杀数十百人；复聚其骑，亡其两骑耳。乃谓其骑曰："何如？"骑皆伏曰："如大王言！"

译文

项羽于是又领兵向东，来到东城，只剩下二十八名骑兵了；而追来的汉军骑兵有好几千人。项羽料想自己是不能脱身了，便对他的骑兵说："我从起兵到现在，已经八年了，身经七十余战，未曾失败，于是称霸天下。但是今天被困在这里，这是上天要灭亡我，并不是我用兵有什么过错！今天定要拼死一战，希望能为你们痛快地打一仗，突破重围，斩杀敌将、砍倒汉旗，连胜三次，让你们知道是上天要灭亡我，不是我用兵有何过错。"于是，他把骑兵分为四队，向四个方向冲杀。汉军重重包围了他们。项羽便对他的骑兵说："看我为你们斩杀他一员将领！"命令骑兵从四面奔驰而下，约定在山的东边分三处会合。于是项羽大声呼喊着奔驰而下，汉军都望风披靡，于是斩杀了一员汉将。这时，郎中骑杨喜追击项羽，项羽瞪着双眼厉声呵斥他，杨喜人和马都吓得退避了好几里地。项羽与他的骑兵分三处会合，汉军不知道项羽在哪处，就兵分三路，又把他们包围起来。项羽在奔驰冲杀中，又斩杀了汉军的一名都尉，杀掉了汉军数十百人；再次集合他的骑兵，仅折损两名骑士。项羽就对他的骑兵说："怎么样啊？"骑兵们都拜伏于地，说："正像大王您所说的一样！"

5. 于是项王欲东渡乌江，乌江亭长舣(yǐ)船待，谓项王曰："江东虽小，地方千里，众数十万人，亦足王也。愿大王急渡！今独臣有船，汉军至，无以渡。"项王笑曰："天之亡我，我何渡为！且籍与江东子弟八千人渡江而西，今无一人还；纵江东父兄怜而王我，我何面目见之！纵彼不言，籍独不愧于心乎！"乃以所乘骓马赐亭长，令骑皆下马步行，持短兵接战。独籍所杀汉军数百人，身亦被十余创。顾见汉骑司马吕马童，曰："若非吾故人乎？"马童面之，指示中郎骑王翳(yì)曰："此项王也。"项王乃曰："吾闻汉购我头千金，邑万户；吾为若德。"乃自刎而死。王翳取其头；余骑相蹂践争项王，相杀者数十人；最其后，杨喜、吕马童及郎中吕胜、杨武各得其一体;五人共会其体,皆是,故分其户,封五人皆为列侯。

译文

于是,项羽想东渡乌江,乌江亭长停船在岸边等他。乌江亭长对项羽说:“江东虽然狭小,但土地方圆千里,民众几十万,也足够称王。希望大王赶快渡江!现在只有我有船,汉军来了,没有船只可渡。”项羽笑着说:“上天要灭亡我,我还渡江做什么!况且我与江东子弟八千人渡江西行,现在没有一人回来,即便江东父老怜爱我,仍然以我为王,我又有什么颜面去见他们啊!即便他们不说,难道我就不感到心中有愧吗?”于是,项羽把自己所骑的乌骓马送给了亭长,并命令他的骑兵都下马步行,手持短兵器与汉军交战。仅项羽一人就杀死了汉军几百人,项羽自己也身受十多处伤。项羽回头看见了汉军骑司马吕马童,说:“你不是我的老朋友吗?”吕马童转向他,对中郎骑王翳说:“这就是项王!”项羽便说道:“我听说汉王悬赏千金及万户的封地买我的头颅,我就给你一些恩惠吧!”于是,项羽自刎而死。王翳随即取下项羽的头颅;其余的骑兵便相互践踏着争抢项羽的躯体,自相残杀的有几十人;到了最后,杨喜、吕马童和郎中吕胜、杨武各夺得项羽的一部分肢体。五个人把项羽的肢体拼凑到一起,都对得上,因此,他们便分割了原来悬赏的万户封地,还被封为列侯。

导读

项羽的神勇,在中国历史上恐怕找不出第二个。韩信当年曾经说过:“项王喑恶叱咤,千人皆废!”他冲锋陷阵、斩将搴(qiān)旗时,震怒咆哮一声,吓得千百人俯伏于地,噤若寒蝉,不敢稍动。可见其威势!汉二年(前205),汉王率五十六万诸侯兵伐楚,入据彭城。项羽以精兵三万从齐地星夜回援，大破汉军，令其几乎全军覆没。汉王仅得与数十骑遁去，连其父亲和老婆都被掳去做了人质，直到汉四年（前203）“鸿沟议和”才要了回来，这就是选文中所说的“九月，楚归太公、吕后”。但项羽的缺点也很明显：第一，残暴嗜杀，所过无不毁灭，假使让他成就帝业，天下将噍（jiào）类无遗。第二，倚仗武勇，热衷于纵横驰骋、角逐争驱，并无谋取天下的长期打算。当初，在关中时，有人劝谏他，说关中乃形胜之地，建都于此，可以成就霸业。项羽却说：“富贵了，如果不回家乡炫耀一番，就好比身穿锦绣衣裳在暗夜中行走，又有什么意思呢！”这人就说：“听说楚人‘沐猴而冠’（像戴着人帽子的猕猴）、虚有其表，果真如此！”项羽便把这人给烹杀了。第三，悭爵吝赏，不能重用贤能。据韩信说，项羽待人，恭敬慈爱，言语温和，别人生了病，他会怜惜地流下泪来，把自己所吃的食物分给他们；但当所任用的人立了功，应该赏封爵位的时候，他却把刻好的印捏在手里，把玩得磨去了棱角，还舍不得授给人家。所以像韩信、陈平、英布等人，原来都是跟着项羽的，后来都纷纷投向刘邦。最后，其重要的谋士只剩下一个范增，也被陈平用计离间，遭项羽猜忌，愤然辞官归里，途中“疽（jū）发背而死”。正所谓“得道多助，失道寡助”，项羽至死也没有悟出这个道理，还说什么“此天之亡我，非战之罪也”。项羽败亡后，楚地陆续平定。汉五年（前202），正月，汉王在定陶正式称帝，建立西汉王朝。

七国之乱

当初，孝文帝在位时，吴国太子与皇太子博戏时发生争执，被皇太子用棋盘打死，吴王刘濞（bì）从此渐渐失去了藩臣的礼节。晁错多次上书奏说吴王的罪过，认为可以削减其封地。汉文帝宽厚，不忍心惩罚，所以吴王日益骄横。等到汉景帝即位，晁错再次建言削藩，他说："当初，高帝刚刚平定天下，大封同姓诸侯王，封给齐国七十多座城，封给楚国四十多座城，封给吴国五十多座城，这三个并非嫡亲的诸侯王的领地占据了全国的一半。吴王因有以前吴太子被杀的仇怨，假称有病不来朝见，文帝不忍心处置他，他反而更加骄横无法，利用矿山采铜铸钱，熬海水制盐，招诱天下流亡人口，图谋叛乱。对他而言，削不削藩他都会反叛，尽早削藩，危害要小一些。"景帝听从他的建议，着手削藩，先后削夺了楚、赵、胶西等国的不少封邑。汉景帝前元三年（前154），正月，吴王刘濞担心削夺没有止境，于是，联合胶西、齐、甾川、胶东、济南、楚、赵等藩国，以诛杀晁错为名举兵叛乱。景帝受袁盎（àng）蛊惑，杀了晁错，宣布赦免七国，恢复他们原有的封地，然而并不能止息叛乱。景帝任命太尉周亚夫率军平叛。周亚夫屯兵荥阳，并不与叛军正面交锋，先派兵断了吴、楚军队的粮道。叛军西进被梁国的军队阻挡，与周亚夫又不得不交战，但因粮道被切断，士卒饥饿，只好撤退。周亚夫派精兵追击，大败叛军。前后不过三个月，平息了叛乱。

原文节选

1. 吴王悉其士卒，下令国中曰："寡人年六十二，身自将；少子年十四，亦为士卒先。诸年上与寡人同，下与少子等，皆发。"凡二十余万人。南使闽、东越，闽、东越亦发兵从。吴王起兵于广陵，西涉淮，因并楚兵，发使遗诸侯书，罪状晁错，欲合兵诛之。吴、楚共攻梁，破棘壁，杀数万人；乘胜而前，锐甚。梁孝王遣将军击之，又败梁两军，士卒皆还走。梁王城守睢阳。

译文

［汉景帝前元三年（前154）正月］吴王征发了他的全部兵力，下

令国中说："我今年六十二岁了，亲自担任统帅；我的小儿子十四岁，也身先士卒。所有年龄上与我相同、下与我的小儿子相仿的人，都征发从军！"共征发了二十多万人。接着，他又向南方派出使者去联络闽、东越，闽和东越也发兵响应。吴王在广陵起兵，向西渡过淮河，与楚国的军队合并，并派使者带信给各诸侯，陈述晁错的罪状，准备联合进兵诛杀晁错。吴、楚两军一起攻打梁国，攻破了棘壁，杀死数万人；吴、楚联军乘胜向前，锐不可当。梁孝王派将军迎击，又被吴、楚联军打败，梁军士兵都向后逃跑。梁王固守都城睢阳。

2. 初，文帝且崩，戒太子曰："即有缓急，周亚夫真可任将兵。"及七国反书闻，上乃拜中尉周亚夫为太尉，将三十六将军往击吴、楚，遣曲周侯郦寄击赵，将军栾布击齐；复召窦婴，拜为大将军，使屯荥阳监齐、赵兵。

译文

当初，汉文帝临终时，告诉太子说："假使国家有危难，周亚夫足可以担任军队统帅。"等到七国叛乱的文书到达朝廷，景帝就任命中尉周亚夫为太尉，率领三十六位将军及其部众，前去迎击吴、楚叛军，派遣曲周侯郦寄攻打赵国，派将军栾布进攻齐境叛军；又召见窦婴，任命他为大将军，派他率军驻守荥阳，以监视齐、赵两国的军队。

3. 太尉亚夫言于上曰："楚兵剽轻，难与争锋，愿以梁委之，绝其食道，乃可制也。"上许之。

译文

太尉周亚夫对景帝说："楚军剽悍敏捷，很难与他们正面交锋，请允许我放弃梁国，先断绝吴、楚军队的粮道，这样才可以制服他们。”景帝同意了。

4. 太尉引兵东北走昌邑。吴攻梁急，梁数使使条侯求救，条侯不许；又使使诉条侯于上。上使告条侯救梁，亚夫不奉诏，坚壁不出；而使弓高侯等将轻骑兵出淮泗口，绝吴、楚兵后，塞其饷道。梁使中大夫韩安国及楚相张尚弟羽为将军；羽力战，安国持重，乃得颇败吴兵。吴兵欲西，梁城守，不敢西；即走条侯军，会下邑，欲战。条侯坚壁不肯战。吴粮绝卒饥，数挑战，终不出。条侯军中夜惊，内相攻击，扰乱至帐下，亚夫坚卧不起，顷之，复定。吴奔壁东南陬，亚夫使备西北；已而其精兵果奔西北，不得入。吴、楚士卒多饥死叛散，乃引而去。二月，亚夫出精兵追击，大破之。吴王濞弃其军，与壮士数千人夜亡走；楚王戊自杀。

译文

太尉周亚夫领兵向东北，抵达昌邑。吴军猛攻梁国，梁王多次派使者向条侯周亚夫求救，周亚夫不答应出兵。梁王又派使臣向景帝控诉条侯，景帝派人命令条侯周亚夫援救梁国，亚夫却不奉行诏命，仍然坚守营垒，并不出战。但他命令弓高侯韩颓当等人，率领轻骑兵，出淮泗口，切断了吴、楚军队的后路，堵塞他们的粮道。梁国派中大夫韩安国及楚相张尚的弟弟张羽为将军；张羽努力奋战，韩安国谨慎稳重，因此颇能挫败吴军。吴军想要西进，但因有梁军据城驻守，故不敢向西进兵。吴军进攻条侯周亚夫的军队，在下邑（今安徽砀山）相遇。吴军求战，条侯坚守营寨不肯交战。吴军粮道被切断，士卒饥饿，多次挑战，周亚夫始终不出战。周亚夫的军营中，夜间突然惊乱，内部互相攻击，闹到了周亚夫的营帐下，周亚夫依旧卧床不起，不一会儿，就恢复了平静。吴军奔向汉军营垒的东南角，周亚夫却命令加强对西北方向的防御，不久，吴、楚的精兵果然突袭汉营西北，因此未能攻入。吴、楚军中士卒多有饿死或者背叛离散，吴王于是领兵撤退。二月，周亚夫派精兵追击，大败吴、楚军队。吴王刘濞丢下他的军队，与几千名精壮士兵连夜逃跑；楚王刘戊自杀。

5. 吴王之弃军亡也，军遂溃，往往稍降太尉条侯及梁军。吴王渡淮，走丹徒，保东越，兵可万余人，收聚亡卒。汉使人以利啖东越，东越即给吴王出劳军，使人鏦(cōng)杀吴王，盛其头，驰传以闻。吴太子驹亡走闽越。吴、楚反，凡三月，皆破灭。于是诸将乃以太尉谋为是；然梁王由此与太尉有隙。

译文

吴王刘濞舍弃军队自己逃跑后，吴军就崩溃了，部众渐渐向太尉条侯周亚夫和梁国的军队投降。吴王渡过淮河，逃到丹徒县，依附东越，以谋求自保，军众有一万多人，并收聚逃散的士兵。汉朝派人用利禄收买东越首领，东越首领就骗吴王出来犒劳军队，派人用矛戟刺杀了吴王，装上他的头颅，派人乘驿站传车疾驰到汉朝廷报告。吴国太子刘驹逃亡到闽越国。吴、楚叛乱，前后共历三个月，就全部被平定了。至此，所有将领都认为太尉周亚夫的战略部署是正确的；但是，梁王因此与太尉有了矛盾。

导读

清人赵翼在《廿二史札记·汉初布衣将相之局》中指出：“盖秦汉间为天地一大变局。”这“一大变局”，就是由原来的世卿世禄制度(天子、诸侯国君、贵族阶层，世世代代父死子继，世袭其禄位)向“布衣将相之局”的重大转变，其实质也就是由封建制(分藩建国制)向郡县制的转变。这种转变从春秋时期已经发其端,先是部分社会下层人士通过功勋而致身“通显”;到战国时期,愈演愈烈,大批游士通过游说诸侯,徒步致卿相,上升为社会的统治阶层;与此同时,原来的许多诸侯国国君、贵族,则因为兼并战争而沦为凡庶。到秦朝统一天下时,诸国的世卿世禄基本终结,但还保留着一个尾巴,那就是最高统治者——秦朝的皇帝还是由原来的秦君一脉相承的。此为天地所不容,故刘邦等崛起于草莽,一举推翻了秦朝,割掉了这最后的尾巴,彻底完成了这种转变。秦朝末年,天下大乱,六国旧贵族纷纷跳了出来,妄图复兴旧制。项羽戏下分封,更是逆历史潮流而上,最终不过是昙花一现。刘邦赖诸将之力,一统天下,迫于形势,分封了不少异姓诸侯王,但后来又一一剪除,虽然从道义上说不是很人道,但确实是长治久安之策。但刘邦“惩秦孤立而亡”的教训,又分封了许多同姓诸侯王,这仍然是一种倒退,为社会的不稳定留下了隐患。经过几十年的滋长,这些诸侯国渐成尾大不掉之势,终于酿成了“七国之乱”。叛乱平息后,汉王朝加大削藩力度,再加上后来武帝时“推恩令”的实施,诸侯国徒有其名。郡国并称,国与郡已无太大的差别。至此,郡县制度才算是完全确立。

苏武牧羊

天汉元年(前100),三月,汉武帝派中郎将苏武将留在汉朝的匈奴使臣送回匈奴,顺便携带厚礼,以答谢匈奴单(chán)于。苏武与副使中郎将张胜及暂时充任使团官吏的常惠等,一同前往。到达匈奴后,将礼品送给单于,单于却更加骄横。正在此时,曾经归降过汉朝的匈奴缑(gōu)王和长水人虞常等人,密谋劫持匈奴单于的母亲阏氏(yān zhī)回到汉朝。事情败露,缑王等全部被杀,虞常被活捉。

匈奴单于派卫律处理此事，事情牵连到苏武的副使张胜。单于大怒，召集贵族商议，打算杀死汉使，而匈奴左伊秩訾（zī）认为应让他们全部归降。单于派卫律传话给苏武，苏武绝不受辱，拔出佩刀刺入自己的身体。卫律急忙召医生前来施救，苏武气绝半日，才慢慢苏醒。单于很钦佩苏武的气节，决议要收降他，于是，派卫律来劝降，苏武却将他痛骂了一顿。单于越发想争取他归顺，便将苏武囚禁于一个大地窖中，并断绝了他的饮食，苏武竟然几天不死。匈奴人以为有神灵庇护，便将苏武放逐到北海（今贝加尔湖）放牧公羊，并宣称要等公羊能产出羊奶，才放他回国。苏武在北海靠挖掘野鼠、吃鼠洞中的草籽活了下来。他手持汉朝的符节牧羊，无论坐卧还是起身都带着它，以致节杖上的毛缨全部脱落。汉将李陵投降匈奴后，也来劝他，并不奏效。苏武被扣留匈奴共十九年，直到汉昭帝始元六年（前81）才回到汉朝。去时，他正当壮年，归来时，头发、胡须全都白了。

原文节选

1. 武益愈，单于使使晓武，欲降之。会论虞常，欲因此时降武。剑斩虞常已，律曰："汉使张胜谋杀单于近臣，当死，单于募降者赦罪。"举剑欲击之，胜请降。律谓武曰："副有罪，当相坐。"武曰："本无谋，又非亲属，何谓相坐！"复举剑拟之，武不动。律曰："苏君！律前负汉归匈奴，幸蒙大恩赐号称王，拥众数万，马畜弥山，富贵如此！苏君今日降，明日复然；空以身膏草野，谁复知之！"武不应。律曰："君因我降，与君为兄弟；今不听吾计，后虽欲复见我，尚可得乎！"武骂律曰："汝为人臣子，不顾恩义，畔主背亲，为降虏于蛮夷，何以汝为见！且单于信汝，使决人死生，不平心持正，反欲斗两主，观祸败。南越杀汉使者，屠为九郡；宛王杀汉使者，头悬北阙；朝鲜杀汉使者，即时诛灭；独匈奴未耳。若知我不降明，欲令两国相攻，匈奴之祸从我始矣。"律知武终不可胁，白单于，单于愈益欲降之，乃幽武置大窖中，绝不饮食；天雨雪，武卧，啮雪与旃（zhān）毛并咽之，数日不死。匈奴以为神，乃徙武北海上无人处，使牧羝（dī），曰："羝乳乃得归。"别其官属常惠等，各置他所。

译文

苏武逐渐痊愈。单于派人来劝说苏武，让苏武归降匈奴。正在此时，虞常被定为死罪，单于便打算借此机会逼苏武投降。他们用剑斩下虞常的人头之后，卫律说："汉使张胜想谋杀单于的亲信大臣，其罪当死，单于招募归降，降者赦免。"说完，举剑要刺张胜，张胜请求投降。卫律又对苏武说："副使有罪，你作为正使，应连坐受罚。"苏武回答说："我本未参与其事，与张胜又没有亲属关系，为什么要连坐受罚！"卫律又举剑威胁苏武，苏武纹丝不动。卫律说："苏先生，我以前背叛汉朝，归顺匈奴，有幸蒙单于大恩，赐号称王，并拥有奴隶数万、马和其他牲畜满山这样的富贵！苏先生如果今日归降，明日就会和我一样，否则白白横尸荒野，又有谁知道呢！"苏武闭口不答。卫律又说："你如果听我的话，归降匈奴，我与你就如兄弟一般；如果今日不听我的建议，以后想再见我，还能够办得到吗？"苏武骂道："你身为汉朝臣子，却不顾恩义，背叛君主、亲人，投降蛮夷异族，我见你干什么！况且单于信任你，让你决定别人的生死，你不但不能公平处理，反而想挑动两国君主相互争斗，你在一旁坐观成败。南越国杀死汉使，被汉灭掉后变为九郡；大宛王杀死汉使，其人头被悬于长安宫廷北门；朝鲜杀死汉使，立即招来灭国之祸；只有匈奴还没有干过这种事。你明知我不会投降，却想借此挑起两国之间的战争，只怕匈奴的灾难，将会从我开始了。"卫律明白苏武终究不会受他的胁迫，只得禀报单于。单于越发想争取苏武归顺，便将他囚禁于一个大地窖中，还断绝了他的饮食。当时，正下着大雪，苏武躺在地上，靠吞食雪和衣服上的毡毛充饥，几天后竟然未死。匈奴人以为有神灵庇护，便将苏武放逐到北海荒无人烟之处，让他放一群公羊，并对苏武说："等到公羊产出羊奶，你就可以回国了。"将常惠等使团中不肯投降的官员，另外安置在其他地方。

2. 初，苏武既徙北海上，禀食不至，掘野鼠、去草实而食之。杖汉节牧羊，卧起操持，节旄尽落。武在汉，与李陵俱为侍中；陵降匈奴，不敢求武。久之，单于使陵至海上。为武置酒设乐，因谓武曰："单于闻陵与子卿素厚，故使来说足下，虚心欲相待。终不得归汉，空自苦；亡人之地，信义安所见乎！足下兄弟二人，前皆坐事自杀；来时，太夫人已不幸；子卿妇年少，闻已更嫁矣；独有女弟二人、两女、一男，今复十余年，存亡不可知。人生如朝露，何久自苦如此！陵始降时，忽忽如狂，自痛负汉，加以老母系保宫。子卿不欲降，何以过陵！且陛下春秋高，法令无常，大臣无罪夷灭者数十家。安危不可知，子卿尚复谁为乎！"武曰："武父子无功德，皆为陛下所成就，位列将，爵通侯，兄弟亲近，常愿肝脑涂地。今得杀身自效，虽斧钺（yuè）、汤镬（huò），诚甘乐之！臣事君，犹子事父也；子为父死，无所恨。愿勿复再言！"陵与武饮数日，复曰："子卿壹听陵言！"武曰："自分已死久矣，王必欲降武，请毕今日之欢，效死于前！"陵见其至诚，喟然叹曰："嗟乎，义士！陵与卫律之罪上通于天！"因泣下沾衿，与武决去。赐武牛羊数十头。

译文

当初，苏武被匈奴放逐到北海边以后，得不到粮食供应，便挖掘野鼠，吃鼠洞中的草籽。他手持汉朝的符节牧羊，无论坐卧起居都带着它，以致节杖上的毛缨全部脱落。苏武在汉朝时，与李陵同为侍中；李陵投降匈奴后，不敢求见苏武。过了很长时间，单于派李陵来到北海边，为苏武摆下酒筵，并以歌舞助兴。李陵对苏武说："单于听说我与你一向情谊深厚,所以派我来劝你,打算以诚心相待。你终究不能再回汉朝,在这荒无人烟的地方白白受苦,你的信义节操,又有谁看到呢!你的两个兄弟,先前都已因罪自杀;我来时,你母亲也已不幸去世;你的夫人年轻,听说已经改嫁别人了;只剩下两个妹妹、两个女儿、一个儿子,如今又过了十几年,是否还在人世,不得而知。人的一生,就像早晨的露水一般短暂,你又何必长久地如此自苦!我刚投降匈奴时,精神恍惚,像要发疯,恨自己辜负汉朝,还连累老母亲被拘禁牢狱。你不愿归降匈奴的心情,怎么会超过我!况且皇上年事已高,法令变化无常,大臣无罪而被抄杀满门的达数十家。安危不可知,你还要为谁这样做呢!"苏武说:"我父子本无才德功绩,全靠皇上栽培,才得以身居高位,与列侯、将军并列,且使我们兄弟得以亲近皇上,所以,我常常希望能够肝脑涂地报答皇上的大恩。如今得以杀身报效皇上,即使是斧钺加身,汤锅烹煮,我也心甘情愿!为臣的侍奉君王,就如同儿子侍奉父亲一般,儿子为父亲而死,没有遗憾。希望你不要再说了。"李陵与苏武一连饮酒数日,又劝道:"子卿你再听我一句话。"苏武说:"我自己料想必死已经很久了,大王一定要我苏武投降,就请结束今日的欢聚,让我死在你的面前!"李陵见苏武一片至诚,长叹道:"唉!你真是义士!我与卫律的罪过上通于天!"不觉泪湿衣襟,与苏武告别离去。赐给苏武牛羊数十头。

导读

战国后期,在蒙古大漠和草原上新崛起了一个强大的游牧民族——匈奴,乘列国纷争之际,占据了黄河河套地区以及河西走廊地区。秦灭六国后,派兵匈奴,在蒙恬所率领的三十万秦军的打击下,匈奴被迫撤出了上述地区。在汉朝平定天下的时候,冒顿(mò dú)单于治下的匈奴也统一了蒙古草原,建立了强大的匈奴帝国,对汉朝构成了强大的威胁。汉高帝七年(前200),匈奴曾一度把高帝围困在平城(治今山西大同市东北)白登山达七天七夜,高帝用陈平之谋,向单于的老婆阏氏行贿,才脱险而归。之后,汉朝以室宗女嫁与单于,与匈奴"和亲",图个苟安而已。文帝、景帝时期,也基本上沿用和亲政策以休养生息。到武帝当政的时候,汉朝国势日涨,对匈奴由持守转为进攻。从元朔二年(前127)至元狩四年(前119)的近十年间,武帝先后派卫青、霍去病为将,采用"迂回侧击"的战术,跨漠远征,出兵匈奴军后方,给匈奴以毁灭性打击,"匈奴远遁,而漠南无王庭"。苏武出使匈奴,就是在匈奴退出漠南之后。汉武帝太初四年(前101),当时正是且鞮(dī)侯单于在位,起初他有些担心遭到汉朝军队的袭击,所以把原来扣留的汉朝使节尽数归还,还派遣使者到汉朝贡献方物,同汉朝交好。后乃骄纵,于天汉元年(前100)扣留了汉朝使臣中郎将苏武,将他放逐到北海牧羊,声称要公羊产奶才释放他回国。天汉二年(前99),且鞮侯单于又以兵围困汉军,收降了汉骑都尉李陵,就是选文中试图劝降苏武的这个李陵。李陵是名将李广之孙,天汉二年(前99),他率步兵五千,与八万匈奴战于浚稽山(约今蒙古国戈壁阿尔泰山脉中段),最后因寡不敌众,兵败投降。武帝听信李陵替匈奴练兵的谣言,灭了他三族,致使他彻底与汉朝决裂。文中将李陵与苏武对比,以衬托苏武的坚贞,实则李陵仍不失血性,与助纣为虐的卫律有很大的不同。

王莽改制

王莽始建国元年(9),正月初一,王莽遵从符命,去掉了汉朝的名号。王莽继承了汉朝的庞大基业以及国库和诸官府丰厚的资产,众多蛮夷归附顺从,天下一片升平。王莽一时据为己有,心意仍不满足,认为汉朝的格局太小,想要更为宏大。于是,自称是黄帝、虞舜的后裔，套用古典，改易百官、宫室、郡县等名号；贬西南夷句（qú）町王为侯，西域各国国王亦改为侯爵，改匈奴单于印信，去掉“玺”字，改称为“章”。鉴于奴婢和土地兼并问题严重，王莽下令恢复井田制度，把全国的田改名为“王田”，奴婢为“私属”，都不准买卖。因“刘”字含“卯、金、刀”字样，王莽下诏废除错刀币、契刀币以及五铢钱，改铸小钱。后来，又更铸金币、银币、龟币、贝币、钱币、布币等“宝货”，种类繁多，造成币制混乱。全国从封国国君、朝廷官员到平民，因盗铸钱币、买卖田宅、买卖奴婢而犯法的人不计其数。于是，农民、商人失业，全国的经济崩溃，百姓甚至在街市的道路上哭泣。西南夷和匈奴也因改易名号而生怨恨，侵犯边境。王莽于是大举兴师，发三十万之众，欲十道并出，一举消灭匈奴。募发天下囚徒、丁男、甲卒转运军需、兵器，从沿海、长江、淮河流域到北部边郡，使者乘坐驿车疾行，监督催促，天下于是骚动起来。

原文节选

1. 始建国元年，春，正月，朔，莽帅公侯卿士奉皇太后玺韨（fú），上太皇太后，顺符命，去汉号焉。

译文

王莽始建国元年（9），春季，正月，初一，王莽率领公侯卿士捧着皇太后印玺，呈上太皇太后，遵从符命，去掉了汉朝的名号。

2. 莽策命群司各以其职，如典诰之文。置大司马司允、大司徒司直、大司空司若，位皆孤卿。更名大司农曰羲和，后更为纳言；大理曰作士；太常曰秩宗；大鸿胪曰典乐；少府曰共工；水衡都尉曰予虞：与三公司卿分属三公。置二十七大夫，八十一元士，分主中都官诸职。

又更光禄勋等名为六监，皆上卿。改郡太守曰大尹，都尉曰大尉，县令、长曰宰；长乐宫曰常乐室，长安曰常安；其余百官、宫室、郡县尽易其名，不可胜纪。

译文

王莽颁布策书确定百官的职责，如同那《尚书》典诰之文一般。设置大司马司允、大司徒司直、大司空司若，职位都是孤卿。将大司农改名为羲和，后来又改为纳言；大理改称作士；太常改称秩宗；大鸿胪改称典乐；少府改称共工；水衡都尉改称予虞：同三公司卿一起分别归属三公管辖。设置二十七大夫、八十一元士，分别掌管京师各官府的职务。又把光禄勋等改称为六监，职位都是上卿。将郡太守改为大尹，都尉改称大尉，县令、县长改称宰；长乐宫改称常乐室，长安改称常安；其余百官、宫室、郡县全都改了名，不能完全记录下来。

3. 又曰："汉氏诸侯或称王，至于四夷亦如之，违于古典，缪于一统。其定诸侯王之号皆称公，及四夷僭(jiàn)号称王者皆更为侯。"于是汉诸侯王三十二人皆降为公，王子侯者百八十一人皆降为子，其后皆夺爵焉。

译文

王莽又说："汉朝诸侯有的或称为王，甚至四方边夷也这样称呼，既与古代典制相违背，也背离了一统的原则。现在确定诸侯王的名号都称为公，以及四方夷民称王的都改为侯。"于是，汉诸侯王三十二人都降为公，诸侯王子弟名号为侯的一百八十一人都降为子，后来又全部剥夺了爵号。

4.莽以刘之为字"卯、金、刀"也,诏正月刚卯、金刀之利皆不得行,乃罢错刀、契刀及五铢钱,更作小钱,径六分,重一铢,文曰"小钱直一",与前"大钱五十"者为二品,并行。欲防民盗铸,乃禁不得挟铜、炭。

译文

王莽因为"刘"字由"卯、金、刀"组成,下诏禁止正月刚卯和钱币金刀的通行。于是,废除错刀币、契刀币以及五铢钱,改铸小钱,直径六分,重量一铢,上面镌文"小钱值一",与以前的"大钱五十"货币并为两类,同时通行。为了防止民间私自铸造,还下令禁止私人挟带铜、炭。

5.莽曰:"古者一夫田百亩,什一而税,则国给民富而颂声作。秦坏圣制,废井田,是以兼并起,贪鄙生,强者规田以千数,弱者曾无立锥之居。又置奴婢之市,与牛马同阑,制于民臣,颛(zhuān)断其命,缪于'天地之性人为贵'之义。减轻田租,三十而税一,常有更赋,罢癃(lóng)咸出;而豪民侵陵,分田劫假。厥名三十税一,实什税五也。故富者犬马余菽(shū)粟,骄而为邪;贫者不厌糟糠,穷而为奸;俱陷于辜,刑用不错。今更名天下田曰'王田',奴婢曰'私属',皆不得卖买。其男口不盈八而田过一井者,分余田予九族、邻里、乡党。故无田、今当受田者,如制度。敢有非井田圣制、无法惑众者,投诸四裔,以御魑魅,如皇始祖考虞帝故事!"

译文

王莽说:"古代一个成年男子耕田一百亩,交十分之一的租税,则能使国家充裕、百姓富足,而歌颂之声兴起。秦朝破坏圣人的制度,废除井田制度，因此土地兼并之风兴起，贪婪卑鄙的行为发生了，强者占田数千亩，贫者竟没有立锥之地。又设置奴婢买卖的市场，与牛马一同关在栏圈里，被地方官吏控制，专断了他们的命运，违背了‘天地之间人类最为宝贵’的原则。汉朝减轻田租，按三十分之一征税，却经常有代役税，各种弊端丛生。加以豪强地主侵犯欺凌，以租佃关系掠夺农民的劳动成果。名义上按三十分之一征税，实际上征收了十分之五的税。所以，富人的犬马有吃不完的粮食，因骄奢而作恶；穷人却连糟糠之食都吃不饱，因贫困而作恶。他们都陷于犯罪，刑罚因而不能搁置。现在，把全国的田改名为‘王田’，奴婢为‘私属’，都不准买卖。家有男丁不满八人，而占田超过九百亩的，把多余的田亩分给亲属、邻居和同乡。原来没有田、现在应当分得田的，按照规定办。敢有反对井田圣制、无视法律惑乱民众的，把他们流放到四方边远之地，去抵御妖魔鬼怪，如同我的始祖虞舜帝惩处四凶一般。”

导读

西汉一代的政治，自元帝、成帝以后已无足观。元帝不像其父亲宣帝那样“杂王霸之道而用之”，他纯任儒学，柔仁少断，以致宦竖用事，石显擅权乱政，纲纪紊乱，国势渐衰。影响西汉国运的还有元帝的皇后王政君，这个女人活了八十五岁，历经元帝、成帝、哀帝、平帝四代，由皇后、皇太后到太皇太后，身居后位六十一年。王氏一门凭借着她的关系，父兄诸侄个个身居要职，权倾朝野；当然，也不免骄奢放纵，“以舆马声色，佚游相高”。只有王莽比较低调，清净自持，谦恭有礼，委实难得，因而博得了好名声，许多在位的高官和名流都争相举荐他。汉成帝绥和元年（前8），王莽继其伯叔父王凤、王商、王根之后，为大司马辅政。可他地位愈高，反倒更加砥节砺行，在当时是好评如潮。故在哀帝时，虽然外戚丁、傅二家用事，王莽被迫引退，但朝野要求他复出的呼声日高。元寿二年（前1），哀帝去世，平帝继位,年仅九岁,太皇太后诏命王莽再任大司马执掌政柄。一旦大权在握,王莽的狐狸尾巴也开始显露出来,培植党羽,诛锄异己,无所不为;用假仁假义以收买民心、迷惑太皇太后。在他的曲意运作下,先后“勉为其难”地接受了“安汉公”“太傅”“宰衡”等称号,并获得了象征至高无上礼遇的“九锡”。

公元6年,平帝病逝,王莽立两岁的孺子婴为皇太子,自己居摄代行天子之权,以这一年为“居摄元年”。初始元年(8),十二月,在镇压了刘氏宗室的反叛之后,王莽在群臣的“殷勤劝进”下,威逼王政君交出传国玉玺,“勉为其难”地接受孺子婴的禅让,称帝,改国号为“新”,改次年为“始建国元年”,也由此揭开了他的“托古改制”大幕。他的改制,虽然有些措施,如限制土地兼并、禁止奴婢买卖等,确实切中了时弊,但总的说来,是“慕虚名而处实祸”,无论是币制改革,还是官名、地名改易,乃至匈奴、西南夷称号的变更,无不是因易“名”而起波澜。故他是以沽名钓誉而得其位,后也因徇名背实而亡其身。

光武中兴

王莽末年,天下连年遭受蝗灾,各地反莽斗争风起云涌。地皇三年(22),汉朝在南阳的宗室子弟刘縯(yǎn)、刘秀兄弟,也在宛县和春陵起兵,与绿林军分支新市兵和平林兵并肩战斗。更始元年(23)正月,汉军在淯阳(治今河南南阳市南)大破王莽大将严尤、陈茂军,包围了宛城。这时,汉兵已达十余万人,决定建立政权。新市兵、平林兵的将领喜欢放纵,害怕刘縯的威武严明,于是,拥立另一位汉室宗亲刘玄做了皇帝,二月在淯水(今河南白河)畔举行了登基大典,改元“更始”。然而刘玄才能平庸,英雄豪杰感到失望,多有不服。王莽闻知严尤、陈茂失败,派司徒王寻、司空王邑率军四十三万来攻,刘秀指挥汉军在昆阳(在今河南叶县)大破莽军。然而新市兵、平林兵的将领们忌惮刘縯兄弟威名日盛,建议更始帝刘玄杀害刘縯。刘秀委曲求全,刘玄便任命刘秀为破虏大将军,封武信侯。同年九月,长安京畿地区的豪杰们一齐杀了王莽,并将王莽的脑袋传送到宛城。刘玄将要建都洛阳,派刘秀代理司隶校尉,先行到洛阳修建宫殿。刘秀置僚属、作文移,重建汉官威仪,有识之士颇归心于他。刘玄北上定都洛阳,任命刘秀代理大司马,持节北渡黄河,镇抚慰问各州郡。当时,王郎割据河北,刘秀辗转奔波,积聚力量,最终灭了王郎,并与更始政权决裂。建武元年(25),六月,刘秀在鄗(hào)县(治今河南柏乡北)南即皇帝位,改元建武。同年十月,光武帝车驾进入洛阳,并定都在这里。

原文节选

1. 王莽闻严尤、陈茂败,乃遣司空王邑驰传,与司徒王寻发兵平定山东;征诸明兵法六十三家以备军吏,以长人巨毋霸为垒尉,又驱诸猛兽虎、豹、犀、象之属以助威武。邑至洛阳,州郡各选精兵,牧守自将,定会者四十三万人,号百万;余在道者,旌旗、辎重,千里不绝。夏,五月,寻、邑南出颍川,与严尤、陈茂合。

译文

王莽听说严尤、陈茂战败,就派遣司空王邑乘驿站传车急驰,和司徒王寻一起发兵,平定崤山以东地区。又征召六十三家通晓兵法的人,作为军官,任命巨人巨毋霸为垒尉,又驱赶虎、豹、犀、象等猛兽来助军威。王邑到了洛阳,各州郡都选派精兵,由牧守亲自带领,定期集合的有四十三万人,号称百万;其余的还在路上,旌旗、辎重千里不绝。夏季,五月,王寻、王邑离开颍川南下,同严尤、陈茂会合。

2. 诸将见寻、邑兵盛，皆反走，入昆阳，惶怖，忧念妻孥，欲散归诸城。刘秀曰："今兵谷既少，而外寇强大，并力御之，功庶可立；如欲分散，势无俱全。且宛城未拔，不能相救；昆阳即拔，一日之间，诸部亦灭矣。今不同心胆，共举功名，反欲守妻子财物邪！"诸将怒曰："刘将军何敢如是！"秀笑而起。会候骑还，言："大兵且至城北，军陈数百里，不见其后。"诸将素轻秀，及迫急，乃相谓曰："更请刘将军计之。"秀复为图画成败，诸将皆曰："诺。"时城中唯有八九千人，秀使王凤与廷尉大将军王常守昆阳，夜与五威将军李轶等十三骑出城南门，于外收兵。

译文

汉军众将领看到王寻、王邑兵马强盛，都退走，进入昆阳城，惊慌恐惧，担忧老婆孩子，想分散回归到其他各城去。刘秀说："现在兵粮既少，而敌军又强大，合力抵御，或许可以成功；如果分散，势必难以保全。况且宛城还没攻下，不能来救援；昆阳若沦陷，一天之内，我军各部也将被消灭。现在诸位不齐心协力，共举大业，反倒想要守着妻子财物！"将领们发怒说："刘将军怎么敢这样说！"刘秀含笑起身，恰逢侦察的骑兵回来，报告说："敌人的大军即将来到城北，军阵达几百里，见不到它的末尾。"将领们素来轻视刘秀，待到情况危急，才互相说："再请刘将军谋划此事。"刘秀又给将领们分析了成败得失，将领们都说："是！"这时，城中只有八九千人，刘秀让王凤和廷尉大将军王常守卫昆阳，自己同五威将军李轶等十三人，骑马连夜驰出昆阳城南门，去外面征调救兵。

3. 刘秀至郾（yǎn）、定陵，悉发诸营兵；诸将贪惜财物，欲分兵守之。秀曰："今若破敌，珍宝万倍，大功可成；如为所败，首领无余，何财物之有！"乃悉发之。六月，己卯朔，秀与诸营俱进，自将步骑千余为前锋，去大军四五里而陈；寻、邑亦遣兵数千合战，秀奔之，斩首数十级。诸将喜曰："刘将军平生见小敌怯，今见大敌勇，甚可怪也！且复居前，请助将军。"秀复进，寻、邑兵却，诸部共乘之，斩首数百、千级。连胜，遂前，诸将胆气益壮，无不一当百，秀乃与敢死者三千人从城西水上冲其中坚。寻、邑易之，自将万余人行陈，敕诸营皆按部毋得动，独迎与汉兵战，不利，大军不敢擅相救；寻、邑陈乱，汉兵乘锐崩之，遂杀王寻。城中亦鼓噪而出，中外合势，震呼动天地；莽兵大溃，走者相腾践，伏尸百余里。会大雷、风，屋瓦皆飞，雨下如注，滍(zhì)川盛溢，虎豹皆股战，士卒赴水溺死者以万数，水为不流。王邑、严尤、陈茂轻骑乘死人渡水逃去，尽获其军实辎重，不可胜算，举之连月不尽，或燔(fán)烧其余。士卒奔走，各还其郡，王邑独与所将长安勇敢数千人还洛阳，关中闻之震恐。于是海内豪杰翕(xī)然响应，皆杀其牧守，自称将军，用汉年号以待诏命；旬月之间，遍于天下。

译文

刘秀来到郾城(在今河南漯河市西北部、沙河流域)、定陵(治今河南舞阳东北)，调发各营的全部兵力。众将领贪恋财物，想要分出部分兵力留守。刘秀说："现在如果击溃了敌军，珍宝将有万倍，大功也可告成；如果被敌人打败，脑袋都保不住，还能有什么财物！"于是，调发了全部兵力。六月，初一，刘秀和各营部众一同进发。刘秀亲自带领步兵和骑兵一千多人为前锋，在距离王莽大军四五里远的地方摆开阵势。王寻、王邑也派几千人来交战，刘秀带兵直奔过去，斩杀了几十人的首级。众将领高兴地说："刘将军平时看见小股敌人畏缩不前，现在大敌当前反倒勇猛了，真是奇怪！请再在前冲锋时，我们襄助将军。"刘秀又向前进兵，王寻、王邑的部队退却；汉军各部一齐冲杀过去，斩杀数百上千个首级。汉军接连胜利，于是乘势杀过去，众将领胆气更壮，全都以一当百。刘秀和三千敢死队员从城西水岸边来进攻王莽军的核心营垒。王寻、王邑轻敌，亲自带领一万余人巡行军阵，戒令各营按兵不动，单独迎上来同汉军交战。失利后，大部队又不敢擅自相救；王寻、王邑的军阵混乱，汉军乘着锐气一举击溃敌军，还杀了王寻。昆阳城中的汉军也击鼓呼喊着冲杀出来，里应外合，呼声震天动地；王莽军彻底溃败，逃跑者互相践踏，倒在地上的尸体达一百多里。恰逢迅雷、烈风大作，屋瓦都被风刮得乱飞，大雨如同倒灌一样，滍水暴涨，虎豹都战栗不已，溺水而死的士兵有上万人，河水因堵塞而流不动。王邑、严尤、陈茂装备轻便，骑马踏着尸体渡过滍水逃走，其全部军用物资被汉军缴获，不可胜计，连续几个月都没搬完，有些余下的就被烧掉了。王莽军中的士兵逃跑后，都回他们的郡县去了，只有王邑和他带领的长安勇士几千人回到洛阳，关中听到这个消息十分惊惧。于是，天下豪杰之士群起响应，纷纷杀掉他们的地方官，自称将军，改用汉朝的年号以待诏命。一个月之内，遍布天下。

导读

光武帝刘秀是汉高祖刘邦的九世孙，出自汉景帝之子、长沙定王刘发一脉，虽说是皇族后裔，但因为是庶孽旁支，发展到他这一代，其实就是一介平民。刘秀有兄弟三人，老大刘縯性格刚毅，慷慨激昂，志向远大。自从王莽篡汉，他时常愤愤不平，一心想光复汉朝，不经营产业，反而变卖田宅，用来结交天下的英雄豪杰。刘秀则性格敦厚老实，勤于农作，以致刘縯常常讥笑他，把他比作汉高祖刘邦那个只会勤勤恳恳种地的哥哥刘仲。其实，刘秀也是有抱负的，王莽天凤年间，他到长安求学，有一次，在街上见到执金吾出行的场面，大为震撼，于是，感慨地说："仕宦当作执金吾，娶妻当得阴丽华。"阴丽华是南阳新野的名媛，刘秀还未发迹时，十分仰慕她。后来，刘秀见天下确已大乱，就与刘縯一道参加了反莽斗争。昆阳之战后，刘秀声名远播，终于娶了到心仪已久的阴丽华。阴氏后来贵为皇后。但由于刘縯兄弟威名日盛，引起绿林军诸将和更始帝刘玄的猜忌，而刘縯又过于锋芒毕露，以致被杀。刘秀隐忍负重，非但不敢夸耀自己的功劳，而且还主动引咎请罪，以谦恭的态度赢得了更始帝的信任。后来，奉命巡行河北，削平王郎，降服铜马农民军，跨州据土，带甲百万，才与更始政权决裂；于公元25年在河北鄗城的千秋亭即皇帝位，建元建武，重建汉政权，定都洛阳，史称东汉。刘秀登基后，又用了十二年的时间东征西讨，先后消灭了绿林、赤眉和隗嚣、公孙述等割据势力，至建武十二年(36)，终于平定了天下。随后，偃武修文，退功臣而进文吏，抑制豪强，整顿吏治，厘正纲纪，确定法度，而与民休息。宋人陈亮说："自古中兴之盛，无出于光武矣！"

党锢之祸

东汉桓帝延熹九年(166)，太学生郭泰、贾彪等人，与李膺、陈蕃、王畅等互相褒扬标榜、品评人物和朝政得失，并产生了广泛的社会影响。有术士张成因教唆其儿子杀人，被时任司隶校尉的李膺逮捕处斩。张成侄儿张牢修上书控告李膺等人与太学生、郡国诸生结成朋党，诽谤朝廷，扰乱风俗。桓帝于是下诏逮捕党人。但公文要经过太尉、司徒、司空三府，因而被太尉陈蕃驳回。桓帝于是直接下令，将李膺和太仆杜密、御史中丞陈翔，以及太学学生陈寔(shí)、范滂等两百余人逮捕，囚禁在黄门北寺监狱。陈蕃上书规劝桓帝，言辞激切，被桓帝免官。永康元年(167)，贾彪说服城门校尉窦武、尚书霍谞(xū)等人，上书替党人求情，汉桓帝怒气渐消，便赦免了他们，并遣送他们回乡，禁锢终身。李膺等虽然遭到废黜和禁锢，却赢得了士人们的敬重，被冠以"三君""八俊""八顾""八及""八厨"等美号。宦官们对李膺等人却非常痛恨。汉灵帝建宁二年(169)，又重翻旧案，再次逮捕了那些被赦归田里的党人，还有不少无辜者被牵连进来，被处死、放逐、废黜、禁锢的又有六七百人之多。熹平五年(176)，因永昌郡太守曹鸾上书为党人鸣冤，触怒灵帝，灵帝就将党人的门生、故吏、父子、兄弟，凡是当官的，全都免职，加以禁锢；光和二年(179)，解除了党人叔伯祖父以下的禁锢。中平元年(184)，因黄巾起义爆发，灵帝下诏大赦党人，被流放者才得以返回故乡。

原文节选

1. 河南张成，善风角，推占当赦，教子杀人。司隶李膺督促收捕，既而逢宥获免；膺愈怀愤疾，竟按杀之。成素以方伎交通宦官，帝亦颇讯其占；宦官教成弟子牢修上书，告“膺等养太学游士，交结诸郡生徒，更相驱驰，共为部党，诽讪朝廷，疑乱风俗”。于是天子震怒，班下郡国，逮捕党人，布告天下，使同忿疾。案经三府，太尉陈蕃却之曰：“今所按者，皆海内人誉，忧国忠公之臣，此等犹将十世宥也，岂有罪名不章而致收掠者乎！”不肯平署。帝愈怒，遂下膺等于黄门北寺狱，其辞所连及，太仆颍川杜密、御史中丞陈翔及陈寔、范滂之徒二百余人。或逃遁不获，皆悬金购募，使者四出相望。

译文

河南人张成通晓占候之术，他推算朝廷将要大赦，就教唆他的儿子杀人。司隶校尉李膺督促手下逮捕了张成父子。不久，果然碰上朝廷大赦，应当免除其罪，予以释放。李膺愤恨至极，还是将张成父子处斩。张成素来通过占候术与宦官结交，桓帝有时也叫张成占卜；于是，宦官指使张成弟弟的儿子张牢修上书，控告“李膺等人豢养太学生和游士，结交各郡的学生和门徒，互相奔走效劳，结成朋党，诽谤朝廷，迷惑和扰乱风俗”。桓帝看了大为恼怒，下诏各郡国，逮捕党人，并布告天下，使人们都愤恨他们。公文经过太尉、司徒、司空三府，太尉陈蕃驳回诏书说：“现在所抓捕的，都是海内享有盛名、忧心国事的公忠之臣，像他们这样的人应该宽免十世，岂有还没搞清楚罪名就逮捕拷打的呢？”并拒绝联合签署。桓帝更加恼怒，将李膺等人囚禁在黄门北寺监狱。案子连及太仆颍川郡人杜密、御史中丞陈翔，以及太学生陈寔、范滂等两百余人。有的人已经逃亡，未能抓获，于是，朝廷悬赏缉拿，派出使者四处搜寻。

2. 帝意稍解，使中常侍王甫就狱讯党人范滂等。皆三木囊头，暴于阶下。甫以次辩诘曰：“卿等更相拔举，迭为唇齿，其意如何？”滂曰：“仲尼之言‘见善如不及，见恶如探汤’，滂欲使善善同其清，恶恶同其污，谓王政之所愿闻，不悟更以为党。古之修善，自求多福。今之修善，身陷大戮。身死之日，愿埋滂于首阳山侧，上不负皇天，下不愧夷、齐。”甫愍(mǐn)然为之改容，乃得并解桎梏。李膺等又多引宦官子弟，宦官惧，请帝以天时宜赦。六月，庚申，赦天下，改元；党人二百余人皆归田里，书名三府，禁锢终身。

译文

[永康元年(167)]汉桓帝的怒气稍稍消解，派中常侍王甫到监狱审问范滂等人。范滂等人颈戴大枷，手腕戴着铁铐，脚挂铁镣，布袋蒙住头脸，暴露在台阶下面。王甫依次诘问：“你们互相推荐保举，相互援助，就像嘴唇和牙齿互相依靠一样，究竟想干什么？”范滂说：“孔子曾说‘见到善，要像再无机会学习一样急切；见到恶，要像把手插到开水中一样赶紧断绝’，我希望激浊扬清，使是非善恶分明。本以为朝廷会加鼓励，未曾想到却被视为结党。古人修德行善，可为自己求取多福。而今修德行善，却招来杀身之祸。我死后，希望能将我埋葬在首阳山之侧，上不辜负皇天，下不愧对伯夷、叔齐。”王甫很是

同情,改变了对范滂的态度,并解除了他们身上的刑具。而李膺等人的口供又牵连出许多宦官子弟,宦官们也很惧怕,于是用天象异常为借口,向桓帝请求赦免他们。六月,初八,桓帝下诏,大赦天下,改年号为"永康"。党人共两百余人,都遣送回乡;还将他们的姓名编写成册,分送太尉、司徒、司空三府,永远不许当官。

3. 宦官疾恶膺等,每下诏书,辄申党人之禁。侯览怨张俭尤甚,览乡人朱并素佞邪,为俭所弃,承览意指,上书告俭与同乡二十四人别相署号,共为部党,图危社稷,而俭为之魁。诏刊章捕俭等。冬,十月,大长秋曹节因此讽有司奏:"诸钩党者故司空虞放及李膺、杜密、朱寓、荀翌、翟超、刘儒、范滂等,请下州郡考治。"是时上年十四,问节等曰:"何以为钩党?"对曰:"钩党者,即党人也。"上曰:"党人何用为恶而欲诛之邪?"对曰:"皆相举群辈,欲为不轨。"上曰:"不轨欲如何?"对曰:"欲图社稷。"上乃可其奏。

译文

宦官非常仇恨李膺等人,皇帝每次颁布诏书,都要重申对党人的禁令。中常侍侯览尤其怨恨张俭。侯览的同乡朱并素来奸佞邪恶,曾为张俭所斥逐,便秉承侯览之意,上书控告,说:"张俭和同乡二十四人,互相起称号,结成朋党,企图危害国家,而张俭是他们的首领。"汉灵帝下诏,将文书并行的姓名隐去,逐一逮捕张俭等人。[建宁二年(169)]冬季,十月,大长秋曹节乘机暗示有关官吏奏报:"互相牵连结党的,有前司空虞放,以及李膺、杜密、朱寓、荀翌、翟超、刘儒、范滂等,请命令州郡官府考讯治罪。"当时,灵帝年仅十四岁,问曹节等人:"什么叫作互相牵连结党?"曹节回答说:"互相牵连结党,就是党人。"灵帝又问:"党人作了什么恶要加以诛杀?"曹节回答说:"他们互相推举同类,想要图谋不轨。"灵帝又问:"图谋不轨是想干什么?"

曹节回答说："要夺权窃国。"灵帝便批准了他们的奏章。

4. 凡党人死者百余人，妻子皆徙边。天下豪桀及儒学有行义者，宦官一切指为党人；有怨隙者，因相陷害，睚眦之忿，滥入党中。州郡承旨，或有未尝交关，亦离祸毒，其死、徙、废、禁者又六七百人。

译文

因党人案件而死的共有一百余人，他们的妻子和儿女都被流放到边境服劳役。天下英雄豪杰，以及有品行和义行的儒家学者，宦官都把他们指控为党人；有私人恩怨的，也乘机互相陷害，甚至因小小积愤也被滥指为党人。州郡官府秉承上司的旨意，有的人和党人并没有牵连，也遭到祸殃，因此而被处死、放逐、废黜、禁锢的人，又有六七百人。

5. 闰月，永昌太守曹鸾上书曰："夫党人者，或耆(qí)年渊德，或衣冠英贤，皆宜股肱王室，左右大猷(yóu)者也；而久被禁锢，辱在涂泥。谋反大逆尚蒙赦宥，党人何罪，独不开恕乎！所以灾异屡见，水旱荐臻，皆由于斯。宜加沛然，以副天心。"帝省奏，大怒，即诏司隶、益州槛车收鸾，送槐里狱，掠杀之。于是诏州郡更考党人门生、故吏、父子、兄弟，在位者，悉免官禁锢，爰(yuán)及五属。

译文

[灵帝熹平五年(176)]闰五月，永昌郡太守曹鸾上书说："那些党人，有些是年老德高之人，有些是士大夫中的英俊贤士，都应该辅佐皇室，在陛下左右参与重大决策；却被长久禁锢，在泥淖中遭受羞辱。即使是大逆不道的谋反之徒，也能蒙陛下的宽宥，党人犯了什么

罪,独独不能受到宽恕?之所以灾异频频出现,水旱灾荒接踵而来,都是因为此事。陛下应该施恩宽宥,以符合上天的心意。”灵帝看了奏章,大怒,立即下诏,命司隶和益州官府逮捕曹鸾,并用囚车押到京都洛阳监禁,严刑拷打致死。同时,又下诏各州郡官府,重新调查党人的学生门徒、旧时的僚属、父亲、儿子、兄弟,凡是当官的,全部免职,加以禁锢,连党人五服之内的亲属都被牵连在内了。

导读

光武中兴之后,明、章二帝沿波继轨,天下大治,其风化之美,据说是“自三代以下,无出其右者”。清末民初著名思想家梁启超先生曾说:“光武、明、章,奖厉名节,为儒学最盛时代,收孔教复苏之良果,尚气节,崇廉耻,风俗称最美。”虽然自和帝以后,东汉政治一代不如一代,外戚与宦官交替擅权,赏罚混乱,贿赂公行,贤愚不分,是非颠倒,可以说是很乱了;但东汉朝廷仍然能够延续百余年,而不至于灭亡,正是因为有一大批崇尚气节的士大夫,所以政治虽然污浊,风俗却不衰败,这都是三帝教化的结果。有这样的根基在,即便是处在安、顺诸帝衰颓之后,只要有贤明的君主发奋振作,则汉朝的统治仍然不可估量。只可惜,桓、灵二帝昏庸暴虐,保护奸佞,胜过骨肉之亲;屠杀忠良,胜过对待仇敌。“党锢之祸”前后经历二十余年,所诛锄的士大夫数以千计,尽是些志向高洁、品行端正之士。正直之士被废黜放逐,邪恶势力自然就横行无忌、跋扈嚣张,国家元气大伤,统治的根基动摇了。人们的愤怒积压在一起,天下的不满聚集到一处。张角因其势而利导之,创“太平道”加以煽动诱惑,传教十余年,民众翕然相从,信徒达几十万人。于是,以“苍天已死,黄天当立,岁在甲子,天下大吉”相号召,于中平元年(184),发动了黄巾大起义。起义最后虽然被镇压,而朝野从此也分崩离析,纲纪法度废弛,东汉政权濒临解体。

董卓之乱

中平六年(189)四月,东汉灵帝驾崩,皇子刘辩即帝位,大将军何进掌握朝政大权。何进掌权后,怨恨宦官蹇(jiǎn)硕想谋害自己,便暗中计划将他杀死,袁绍劝他将所有的宦官一网打尽。何进因袁氏一门世代显贵,袁绍与堂弟虎贲(bēn)中郎将袁术又被天下的豪杰所拥戴,因此相信并任用他们。然而何太后不同意他们的计划,袁绍便建议何进多招各地的猛将和英雄豪杰进京,以胁迫何太后同意诛灭宦官。何进采纳了他的建议,招董卓率军到洛阳。董卓乃凉州(在今甘肃境内)军阀,是个野心家,当时他的军队正驻扎在河东郡(在今山西夏县西北)。接到何进招他进京的命令,董卓立刻出发。何进的密谋因时间太长,泄露了不少,宦官们非常恐惧。八月,戊辰,中常侍张让、段珪等人假传太后懿旨招何进进宫,设伏击杀了他。袁绍等人闻讯,率军破门而入,关上宫门,将宦官尽数诛灭。董卓率兵来到洛阳,收编了何进的部队,又收买吕布杀死丁原,并吞并了他的部队。一时,董卓的势力大增,并控制了朝廷。他废少帝刘辩为弘农王,立陈留王刘协为帝,自居相国,恣意妄为,生杀予夺,激起很大的民愤。汉献帝初平元年(190),袁绍等组织关东军起兵讨伐董卓。董卓见关东军声势浩大,决定迁都以躲避其锋芒。于是,迁徙民众数百万于长安,而将洛阳宫庙、官府、居家付之一炬,两百里内房屋荡然无存。

原文节选

1. 董卓之入也,步骑不过三千,自嫌兵少,恐不为远近所服,率四五日辄夜潜出军近营,明旦,乃大陈旌鼓而还,以为西兵复至,雒中无知者。俄而进及弟苗部曲皆归于卓,卓又阴使丁原部曲司马五原吕布杀原而并其众。卓兵于是大盛,乃讽朝廷,以久雨,策免司空刘弘而代之。

译文

董卓刚进京城,步兵、骑兵不过三千人,他自己也嫌兵力太少,担心不能使远近慑服,于是,每隔四五天就暗中派军队夜间出发到军营附近,第二天早上,再大张旗鼓地返回,让人以为西方凉州军又来了,而洛阳城中也没有人知道这事。不久,何进与弟弟何苗的部队都归属了董卓,董卓又暗中指使丁原部下的司马、五原(治今内蒙古包头西)人吕布杀死丁原,吞并了他的部队。董卓的兵力从此大增,于是暗示朝廷,以久雨不晴为理由,让少帝颁旨,罢免了司空刘弘而以自己替代。

2. 董卓谓袁绍曰:“天下之主,宜得贤明。每念灵帝,令人愤毒!董侯似可,今欲立之,为能胜史侯否?人有小智大痴,亦知复何如?为当且尔,刘氏种不足复遗!”绍曰:“汉家君天下四百许年,恩泽深渥(wò),兆民戴之。今上富于春秋,未有不善宣于天下。公欲废嫡立庶,恐众不从公议也!”卓按剑叱绍曰:“竖子敢然!天下之事,岂不在我!我欲为之,谁敢不从!尔谓董卓刀为不利乎!”绍勃然曰:“天下健者岂惟董公!”引佩刀,横揖,径出。卓以新至,见绍大家,故不敢害。绍县节于上东门,逃奔冀州。

译文

董卓对袁绍说:“天下的君主,应该由贤明的人来担任。每当想起灵帝,就使人愤恨!董侯(即陈留王刘协)看起来还不错,现在我想改立他为皇帝,不知他能否胜过史侯(即少帝刘辩)?有的人小事聪明，大事糊涂，也不知道他又会怎样？现在只好暂且如此，刘氏的后代不值得再辅佐！”袁绍说：“汉朝统治天下约四百年，德泽深厚，万民拥戴。当今皇上正年轻，没有什么过失传布天下。您想废嫡立庶，恐怕众人不会听从您的建议！”董卓手按剑柄，呵斥袁绍说：“小子胆敢这样放肆！天下大事，难道不是由我决定！我想这样做，谁敢不听从？你以为董卓的刀不锋利吗？”袁绍勃然大怒，说：“天下豪杰，难道只有你董公一人！”袁绍把佩刀横过来，作了个揖，径自出去了。董卓因为新到洛阳，见袁绍是世家大族，所以没敢害他。袁绍把司隶校尉的符节悬挂在上东门，逃往冀州（辖境大致为河北省中南部、山东省西端和河南省北端）。

3. 甲戌，卓复会群僚于崇德前殿，遂胁太后策废少帝，曰：“皇帝在丧，无人子之心，威仪不类人君，今废为弘农王，立陈留王协为帝。”袁隗解帝玺绶，以奉陈留王，扶弘农王下殿，北面称臣。太后鲠涕，群臣含悲，莫敢言者。

译文

初一，董卓又在崇德前殿大会百官，威逼何太后颁策废黜少帝刘辩，说：“皇帝守丧期间，没有做儿子的孝心，缺乏威仪，不像个君王，如今，废他为弘农王，立陈留王刘协为皇帝。”袁隗把少帝刘辩的玺印解下来，进献给陈留王刘协，然后扶刘辩下殿，向坐在北面的刘协称臣。何太后哽咽流涕，群臣心中悲伤，却没有谁敢说话。

4. 十一月，以董卓为相国，赞拜不名，入朝不趋，剑履上殿。

译文

十一月，汉献帝任命董卓为相国，允许他在参拜皇帝时不道姓名，上朝不必趋步快行，可以佩剑穿鞋上殿。

5. 董卓性残忍，一旦专政，据有国家甲兵、珍宝，威震天下，所愿无极，语宾客曰："我相，贵无上也！"侍御史扰龙宗诣卓白事，不解剑，立挝(zhuā)杀之。是时，雒中贵戚，室第相望，金帛财产，家家充积。卓纵放兵士，突其庐舍，剽虏资物，妻略妇女，不避贵戚；人情崩恐，不保朝夕。

译文

董卓性情残忍，一旦控制朝政大权，掌握了全国的军事力量和珍宝财货，威震天下，欲望就没有止境，他对宾客们说："我的相貌，尊贵无比！"侍御史扰龙宗进见董卓汇报事情时，没有解下佩剑，立刻就被鞭打致死。当时，洛阳城内的皇亲国戚很多，宅第相望，家家都堆满了金帛财物。董卓放纵士兵冲进他们的室内，强掠财物，奸淫掳掠妇女，不管是不是皇亲国戚；致使人人自危，朝不保夕。

6. 初平元年，春，正月，关东州郡皆起兵以讨董卓，推渤海太守袁绍为盟主；绍自号车骑将军，各将领皆板授官号。绍与河内太守王匡屯河内，冀州牧韩馥留邺，给其军粮。豫州刺史孔伷(zhòu)屯颍川，兖州刺史刘岱、陈留太守张邈、邈弟广陵太守超、东郡太守桥瑁(mào)、山阳太守袁遗、济北相鲍信与曹操俱屯酸枣，后将军袁术屯鲁阳，众各数万。豪桀多归心袁绍者；鲍信独谓曹操曰："夫略不世出，能拨乱反正者，君也。苟非其人，虽强必毙。君殆天之所启乎！"

译文

汉献帝初平元年(190)，春季，正月，函谷关以东的各州、郡都起兵讨伐董卓，并推举渤海太守袁绍为盟主；袁绍自称车骑将军，各将领都被临时授予官号。袁绍与河内郡（治今河南武涉西南）太守王匡驻军河内、冀州牧韩馥留守邺城（在今河北临漳县西南邺镇一带），供应军粮。豫州（辖境约当今淮河以北伏牛山以东豫东、皖北地）刺史孔伷驻军颍川，兖州（约今山东西南部、河南东部）刺史刘岱、陈留郡太守张邈、张邈的弟弟广陵郡太守张超、东郡（约今河南省东北部、山东省西部地区）太守桥瑁、山阳郡（治今山东巨野东南）太守袁遗、济北国相鲍信和曹操都驻军酸枣（治今河南延津西南），后将军袁术驻军鲁阳（今河南鲁山），各路都有数万人。各路豪杰多拥戴袁绍，只有鲍信对曹操说："谋略高明，世间少有，能拨乱反正的人，就是您了。假如不是这种人才，即使现在强盛，也一定会失败。您恐怕是上天派来拯救这个乱世的吧！"

7. 董卓以山东兵盛，欲迁都以避之，公卿皆不欲而莫敢言。

译文

董卓因为崤山以东的联军兵势强大，想迁都到长安以躲避锋芒。大臣们都不愿意，但没有人敢讲。

8. 丁亥，车驾西迁，董卓收诸富室，以罪恶诛之，没入其财物，死者不可胜计；悉驱徙其余民数百万口于长安，步骑驱蹙，更相蹈藉，饥饿寇掠，积尸盈路。卓自留屯毕圭苑中，悉烧宫庙、官府、居家，二百里内，室屋荡尽，无复鸡犬。又使吕布发诸帝陵及公卿以下冢墓，收其珍宝。卓获山东兵，以猪膏涂布十余匹，用缠其身，然后烧之，先从足起。

译文

十七日，献帝西迁长安，董卓收押了洛阳城的富豪，加个罪名就将他们处死，没收了他们的财物，因此而死的人不计其数；强迫剩下的数百万人全部迁徙长安，还命步兵、骑兵在后面驱赶逼行，相互拥挤踩踏，加上饥饿和抢掠，沿途堆满了尸体。董卓自己留驻在毕圭苑中，下令将所有宫殿宗庙、官府及百姓住宅悉数焚毁，两百里内片瓦无存，鸡犬绝迹。又让吕布率兵挖掘历代皇陵和大臣的墓地，搜罗珍宝。董卓擒获山东的士兵，命人将猪油涂到十余匹布上，再将布缠绕在这些士兵身上，然后从脚下点火，将他们烧死。

导读

董卓是陇西临洮人，性格粗犷而有谋略，靠征讨羌胡起家；通过镇压黄巾起义、抵抗韩遂叛军，积累了政治资本，累迁西域戊己校尉、并州刺史、河东太守，羽翼渐丰，成为宰制一方的实力派人物。中平五年(188)，东汉朝廷征召董卓到中央担任少府，实际上想剥夺他的兵权。董卓托词拒绝，不肯就范，朝廷也拿他没有办法。董卓于是驻军于河东，以静观时局的变化。次年，灵帝死，少帝继位，大将军何进执掌朝政，用袁绍之谋，秘密招请董卓进京诛除宦官。宦官们获知这个消息，先下手为强，先行设伏杀了何进。袁绍等率军反扑，攻入皇宫，把宦官尽数诛灭。左右后汉政局的两股势力——外戚和宦官，至此可算是同归于尽了。而留下一个权力真空，刚好由董卓来填补，故董卓率军进驻洛阳以后，很快就控制了局势。但董卓恣意妄为，倒行逆施，特别是他妄行废立之事，激起了很大的民愤。汉献帝初平元年(190)，以袁绍为首的十一路诸侯组成“关东军”(因各路诸侯的领地大都在函谷关以东，故称关东军)，共同讨伐董卓。为避其锋芒，董卓挟持汉献帝迁都长安，而将旧都洛阳洗劫一空，然后付之一炬。关东军的群雄们本来就个个心怀鬼胎，在攻占洛阳之后，联军也随之解散。此后，群雄纷纷割据一方，互相攻击。初平三年(192)，四月，司徒王允等人与董卓的亲信吕布合谋杀了董卓。一个月后，董卓的部将李傕(què)、郭汜(sì)等人，率领凉州军余部攻破长安，击败吕布，杀死王允等人，把持朝廷大权。天下从此大乱，汉帝国彻底崩溃。

官渡之战

汉献帝建安四年(199)，六月，袁绍消灭公孙瓒(zàn)后，更加骄横。他挑选了精兵十万、良马万匹，打算攻打许都(今河南许昌东)。曹操认为，袁绍的为人，志向很大而智谋短浅，外表勇武而内心胆怯，猜忌刻薄而缺少威信，人马虽多而调度无方，将领骄横而政令不一，不用怕他。秋季，八月，曹操进军黎阳(治今河南浚县东)，派臧霸等充领精兵，到青州(东汉治今山东淄博市临淄区北)去保卫东方边境，留于禁驻扎在黄河之畔。九月，曹操返回许都，分兵驻守官渡(今河南中牟东北，临古官渡水)，又派治书侍御史、河东人卫觊镇抚关中地区。建安五年(200)，正月，曹操东征刘备，将刘备打败，俘虏了他的家小；接着攻克下邳，捉住了关羽，然后回到官渡。袁绍这才开始计划进攻许都。二月，袁绍进军黎阳，派大将颜良到白马(治今河南滑县旧滑县城东)进攻东郡太守刘延。四月，曹操派关羽斩杀颜良，解白马之围。袁绍渡过黄河进行追击，曹操大破袁军，斩杀文丑。文丑与颜良都是袁绍军中有名的大将，两次交战，先后被曹军杀死，袁绍军中士气大衰。八、九月双方相持于官渡一带，曹军兵少粮尽，士兵疲惫不堪，曹操大为忧虑，准备退回许都，荀彧劝他再坚持一段时间，应出奇制胜。袁绍的谋士许攸投降曹操，曹操采纳其建议，自率精兵偷袭袁军后方，将其屯聚在乌巢(在今河南省延津县境内)的辎重，尽数焚毁。袁军大败，袁绍仅率八百骑兵落荒而逃。

原文节选

1. 操见运者，抚之曰："却十五日为汝破绍，不复劳汝矣。"绍运谷车数千乘至官渡。荀攸言于操曰："绍运车旦暮至，其将韩猛锐而轻敌，击，可破也！"操曰："谁可使者？"攸曰："徐晃可。"乃遣偏将军河东徐晃与史涣邀击猛，破走之，烧其辎重。

译文

［建安五年(200)，九月］曹操见到运输粮草的军士，安抚他们说："再过十五天，为你们击败袁绍，就不再辛苦你们了。"袁绍数千辆运粮车来到官渡，荀攸对曹操说："袁绍运送辎重的车队很快就会到，押运的将领韩猛虽然勇敢，却轻敌，进攻他，可把他击败！"曹操说："派谁去好呢？"荀攸说："徐晃可以。"于是，曹操派遣偏将军河东人徐晃与史涣截击韩猛，击退韩猛后，放火烧毁了袁军的辎重。

2. 冬，十月，绍复遣车运谷，使其将淳于琼等将兵万余人送之，宿绍营北四十里。沮授说绍："可遣蒋奇别为支军于表，以绝曹操之钞。"绍不从。

译文

冬季，十月，袁绍又派车辆运粮草，让他的部将淳于琼等率领一万余人护送，住宿在袁绍大营以北四十里处。沮授劝袁绍说："可另外派蒋奇率领一军作为别动队，在外围巡逻，以防备曹操的袭击。"袁绍不听。

3.许攸曰:“曹操兵少而悉师拒我,许下余守,势必空弱。若分遣轻军,星行掩袭,许可拔也。许拔,则奉迎天子以讨操,操成禽矣。如其未溃,可令首尾奔命,破之必也。”绍不从,曰:“吾要当先取操。”会攸家犯法,审配收系之,攸怒,遂奔操。

译文

许攸说:“曹操兵少而以全力抵御我军,许都留守薄弱,防备一定空虚。如果分派一支队伍轻装连夜偷袭,许都可被攻陷。占领许都后,就奉迎天子以讨伐曹操,曹操就束手就擒了。如果一时攻不下,也可让他首尾不能相顾,疲于奔命,这样一定能够打败他。”袁绍不听从,说:“我应当要先捉住曹操。”恰逢许攸家里有人犯了法,留守邺城的审配将他们收监,许攸大怒,就投奔了曹操。

4.操闻攸来,跣出迎之,抚掌笑曰:“子卿远来,吾事济矣!”既入坐,谓操曰:“袁氏军盛,何以待之?今有几粮乎?”操曰:“尚可支一岁。”攸曰:“无是,更言之!”又曰:“可支半岁。”攸曰:“足下不欲破袁氏邪,何言之不实也!”操曰:“向言戏之耳。其实可一月,为之奈何?”攸曰:“公孤军独守,外无救援而粮谷已尽,此危急之日也。袁氏辎重万余乘,在故市、乌巢,屯军无严备,若以轻兵袭之,不意而至,燔其积聚,不过三日,袁氏自败也。”操大喜,乃留曹洪、荀攸守营,自将步骑五千人,皆用袁军旗帜,衔枚缚马口,夜从间道出,人抱束薪,所历道有问者,语之曰:“袁公恐曹操钞略后军,遣兵以益备。”闻者信以为然,皆自若。既至,围屯,大放火,营中惊乱。会明,琼等望见操兵少,出陈门外,操急击之,琼退保营,操遂攻之。

译文

曹操听说许攸前来,来不及穿鞋,就光脚跑出来迎接他,还拍手笑着说："许子卿远来，我的大事就可成功了！"入座后，许攸对曹操说："袁军强盛，您怎么对付？现在还有多少粮草？"曹操说："还可以支持一年。"许攸说："没那么多，请再说！"曹操又说："可支持半年。"许攸说："您不想击败袁绍吗？为何不说实话呢？"曹操说："刚才开玩笑的，其实只可应付一个月，怎么办呢？"许攸说："您孤军独守，外无救援，而粮草已尽，这是危急的关头。袁绍有辎重车一万多辆，在故市（在今河南荥阳东北）、乌巢，守军戒备不严密，如果派兵轻装偷袭，出其不意而去，焚毁他们的粮草与军用物资，不出三天，袁绍大军就会不战自败。"曹操大喜，于是留下曹洪、荀攸防守大营，亲自率领步骑兵五千名，都打着袁军的旗号，兵士嘴里衔着小木棍，把马嘴绑住，夜里从小道出营，每人抱一捆柴草，经过的路上遇到有人盘问，就回答说："袁公担心曹操袭击后方辎重，派兵去加强守备。"听的人信以为真，全都毫无戒备。到达后，包围营寨，大肆放起火来，袁军营中大乱。黎明时，淳于琼等见曹军兵少，就在营外摆开阵势，曹操进军猛击，淳于琼退守营寨，曹操于是攻打营寨。

5. 绍闻操击琼，谓其子谭曰："就操破琼，吾拔其营，彼固无所归矣！"乃使其将高览、张郃（hé）等攻操营。郃曰："曹公精兵往，必破琼等，琼等破，则事去矣，请先往救之。"郭图固请攻操营。郃曰："曹公营固，攻之必不拔。若琼等见禽，吾属尽为虏矣。"绍但遣轻骑救琼，而以重兵攻操营，不能下。

译文

袁绍听闻曹操袭击淳于琼，就对他儿子袁谭说："就让曹操攻破淳于琼，我去拔掉他的大营，他就无处可归了。"于是，派大将高览、张郃等攻打曹军大营。张郃说："曹操亲率精兵前往，必能攻破淳于琼等，淳于琼等若败，则大势已去，请先去救援淳于琼。"郭图坚决请求先攻曹营。张郃说："曹操营寨坚固，肯定不能攻克。如果淳于琼等被捉，我们都将成为俘虏。"袁绍只派轻骑兵去援救淳于琼，而派重兵进攻曹营，却未能攻下。

6. 绍骑至乌巢，操左右或言："贼骑稍近，请分兵拒之。"操怒曰："贼在背后，乃白！"士卒皆殊死战，遂大破之，斩琼等，尽燔其粮谷；士卒千余人，皆取其鼻，牛马割唇舌，以示绍军。绍军将士皆恟（xiōng）惧。郭图惭其计之失，复谮张郃于绍曰："郃快军败。"郃忿惧，遂与高览焚攻具，诣操营降。曹洪疑不敢受，荀攸曰："郃计画不用，怒而来奔，君有何疑！"乃受之。

译文

袁绍的骑兵到达乌巢，曹操左右中有人说："敌人的骑兵逐渐靠近，请分兵抵抗。"曹操怒斥道："等敌人到了背后才报告！"曹军士兵都拼死作战，于是大破袁军，斩杀淳于琼等，还烧毁了其全部粮食；同时，还将一千余名袁军士兵的鼻子全都割下，将牛马的嘴唇和舌头割下，拿给袁绍的士兵看。袁军将士全都恐惧异常。郭图对自己的失策感到羞愧，就又向袁绍诬告张郃，说："张郃对我军失败幸灾乐祸。"张郃又气又怕，就与高览放火烧毁了攻营器械，到曹营投降。曹洪生疑，不敢接受他们投降。荀攸说："张郃是因为计策不被采纳，一怒之下来投奔，你有什么可怀疑的！"于是，接受了投降。

7. 于是绍军惊扰，大溃。绍及谭等幅巾乘马，与八百骑渡河。操追之不及，尽收其辎重、图书、珍宝。余众降者，操尽坑之，前后所杀七万余人。

译文

这时，袁军惊惧混乱，全线溃败。袁绍与袁谭等戴着头巾，骑着马，率领八百名骑士渡过黄河。曹军没能追上，就缴获了袁军的全部辎重、图书和珍宝。袁军残部投降，曹操将他们全部活埋，先后杀死了七万余人。

导读

“关东军”讨伐董卓的闹剧落幕后，紧接着又上演了“群雄逐鹿”的军阀混战大戏。经过连年的征战，袁绍和曹操这两股势力逐渐脱颖而出。袁绍出身名门，其祖上世代官居高位，人称“四世三公”，门生故吏遍布天下，地位十分显赫。所以，“关东军”讨伐董卓时，袁绍被推举为盟主。联军解散后，他先占据了冀州，后来又兼并了青、并二州；建安三年(198)，又击败公孙瓒，夺得幽州(治今北京城西南隅)，遂据四州之地，民户百万，成为当时势力最强的军阀。相比于袁绍，曹操出身要寒微许多。曹操的父亲曹嵩是宦官曹腾的养子，故曹操二十岁就被举为孝廉，先后出任过洛阳北部尉、顿丘令、济南相和典军校尉等官职。董卓乱政，人神共愤，曹操在陈留率先举兵。“关东军”解散后，曹操出任东郡太守，后领兖州牧。初平三年(192)，击破青州黄巾军，获降卒三十余万，曹操收其精锐，组成青州兵，这成为他起家的重要资本。兴平二年(195)，占据长安的李傕、郭汜发生火拼，汉献帝辗转流徙，回到洛阳，而此时的洛阳已经成为一片废墟。建安元年(196)，曹操迎献帝都于许昌(许都)，“挟天子以令诸侯”，从此“贤士大夫四方来集”，势力大增，并先后击败吕布、袁术等，占据了兖州、徐州等地，成为袁绍在中原地区的劲敌。官渡之战就是二雄之间的关键一战。由于众寡悬殊，曹操打得非常艰苦，甚至一度有了放弃的念头，然而凭着其卓越的军事才能和顽强的毅力，在谋士们的帮助下，出奇制胜，烧毁了袁军在乌巢的粮仓，继而击溃袁军主力。经此一战，袁绍从此一蹶不振。不过数年，曹操就统一了北方。

四、魏纪

高平陵之变

魏邵陵厉公正始八年(247),二月,大将军曹爽采纳何晏、邓飏(yáng)、丁谧的计谋,把太后迁居到永宁宫,开始独揽朝政大权,广泛提拔亲戚党羽,多次更改制度。太傅司马懿不能阻止,与曹爽之间产生了矛盾。五月,司马懿开始称病,不上朝参与政事。曹爽骄奢无度,饮食和服饰方面与皇帝相同;建造地下宫殿,经常与他的党羽何晏等人在里面饮酒作乐。弟弟曹羲多次哭着劝谏他,但曹爽不听。曹爽兄弟几个经常一起出去游玩,司农桓范劝说道:“弟兄们不宜同时出城,如果有人关闭城门,没人在城内接应。”曹爽不以为然,认为没有谁敢这样做。正始九年(248),冬季,曹爽的党羽李胜出任荆州刺史,到太傅司马懿家去辞行。司马懿装聋作哑、颠三倒四,装出一副老朽不堪的样子。李胜回去将此事报告曹爽,从那以后,曹爽等人对司马懿不再戒备。司马懿则暗地里和他的儿子、中护军司马师、散骑常侍司马昭,密谋诛杀曹爽。嘉平元年(249),正月,魏帝祭扫高平陵,曹爽兄弟全都随侍同行。司马懿以皇太后名义下令,关闭了各个城门,率兵占据了武库,并派兵出城据守洛水浮桥;命令司徒高柔持节代理大将军职事,占据曹爽营地;令太仆王观代理中领军职事,占据曹羲营地。然后,向魏帝禀奏曹爽的罪行。司农桓范劝说曹爽兄弟把天子挟持到许昌,然后调集四方兵力剿灭司马懿。然而曹爽兄弟却因为恋栈，不肯听从，主动放弃了抵抗，结果被司马懿劾以大逆不道之罪，诛灭三族。

原文节选

1. 嘉平元年，春，正月，甲午，帝谒高平陵，大将军爽与弟中领军羲、武卫将军训、散骑常侍彦皆从。太傅懿以皇太后令，闭诸城门，勒兵据武库，授兵出屯洛水浮桥；召司徒高柔假节行大将军事，据爽营；太仆王观行中领军事，据羲营。因奏爽罪恶于帝……

译文

嘉平元年(249)，春季，正月，初六，皇帝拜谒高平陵，大将军曹爽和他的弟弟中领军曹羲、武卫将军曹训、散骑常侍曹彦等随行。太傅司马懿以皇太后的名义下令，关闭各个城门，率兵占据武器库房，派兵出城据守洛水浮桥；命司徒高柔持节代理大将军事务，占据曹爽的营地；令太仆王观代理中领军事务，占据曹羲的营地。然后，向皇帝举奏曹爽的罪行……

2. 爽得懿奏事，不通；迫窘不知所为，留车驾宿伊水南，伐木为鹿角，发屯田兵数千人以为卫。

译文

曹爽接到司马懿的奏章，没有通报给皇帝；在窘迫中，曹爽不知如何是好，就把皇帝的车驾留宿于伊水之南，伐木构筑了防卫工事，并调遣了数千名屯田兵士进行守卫。

3. 懿使侍中高阳许允及尚书陈泰说爽，宜早自归罪；又使爽所信殿中校尉尹大目谓爽，唯免官而已，以洛水为誓。

译文

司马懿派侍中高阳人许允和尚书陈泰去劝说曹爽，要他尽早自首认罪；又派曹爽所信任的殿中校尉尹大目去告诉曹爽，说只是免去他的官职而已，并指着洛水发誓。

4. 范至，劝爽兄弟以天子诣许昌，发四方兵以自辅。爽疑未决，范谓羲曰："此事昭然，卿用读书何为邪！于今日卿等门户，求贫贱复可得乎！且匹夫质一人，尚欲望活；卿与天子相随，令于天下，谁敢不应也！"俱不言。范又谓羲曰："卿别营近在阙南，洛阳典农治在城外，呼召如意。今诣许昌，不过中宿，许昌别库，足相被假；所忧当在谷食，而大司农印章在我身。"羲兄弟默然不从，自甲夜至五鼓，爽乃投刀于地曰："我亦不失作富家翁！"范哭曰："曹子丹佳人，生汝兄弟，㹠(tún)犊耳！何图今日坐汝等族灭也！"

译文

桓范到了之后，劝说曹爽兄弟侍奉天子到许昌，征调四方军队辅助自己。曹爽犹豫不决，桓范对曹羲说："这事明显得很，你读书是干什么用的！以你们今日这样的门第，再想要贫贱度日怎么可能呢？就算是一般人被劫持做人质，尚且希望能存活下来；何况你们与天子在一起，挟天子以令天下，谁敢不响应！"他们都沉默不语。桓范又对曹羲说："你附属的一个营地近在城南，洛阳典农中郎将的治所也在城外，可以随意召唤他们前来。如今到许昌去，不过两天两夜的路程，许昌的武器库足可以武装军队；唯一担心的是粮食问题，而大司农的印章就在我身上。"曹羲兄弟却保持沉默，没有听从，从初夜一直坐到五更，曹爽于是把刀扔在地上说："我还可以做个富翁！"桓范哭道："曹子丹（曹真）是多么有才干的人，却生了你们兄弟，真是蠢得像猪牛一样！没想到今日受你们的牵连要灭族了。"

5. 爽乃通懿奏事，白帝下诏免己官，奉帝还宫。爽兄弟归家，懿发洛阳吏卒围守之；四角作高楼，令人在楼上察视爽兄弟举动。爽挟弹到后园中，楼上便唱言："故大将军东南行！"爽愁闷不知为计。

译文

曹爽于是呈上司马懿的奏章，禀告皇帝下诏免除自己的官职，并侍奉皇帝回宫。曹爽兄弟回家以后，司马懿派洛阳的兵士包围了曹府并日夜看守；还在府宅的四角建筑高楼，派人在楼上监视曹爽兄弟的举动。曹爽挟着弹弓来到后园，楼上的人就高声喊道："前任大将军往东南方向去了。"曹爽忧愁烦闷，不知如何是好。

6. 戊戌，有司奏："黄门张当私以所择才人与爽，疑有奸。"收当付廷尉考实，辞云："爽与尚书何晏、邓飏、丁谧、司隶校尉毕轨、荆州刺史李胜等阴谋反逆，须三月中发。"于是收爽、羲、训、晏、飏、谧、轨、胜并桓范皆下狱，劾以大逆不道，与张当俱夷三族。

译文

初十，主管官员奏报："黄门张当私下里把选择的才人送给曹爽，怀疑可能有奸谋。"于是逮捕了张当，交给廷尉审问核实，张当招供说："曹爽与尚书何晏、邓飏、丁谧、司隶校尉毕轨、荆州刺史李胜等人阴谋反叛，等到三月中旬起事。"于是，把曹爽、曹羲、曹训、何晏、邓飏、丁谧、毕轨、李胜以及桓范等人都逮捕入狱，指控他们犯了大逆不道之罪,与张当一起都被诛灭三族。

导读

曹操统一北方之后,于建安十三年(208),曾派兵江南,在长江赤壁(今湖北赤壁市西北)一带被孙权、刘备联军击败,退回北方;而刘备通过“赤壁之战”迅速壮大了实力,进而夺取了益州,与曹、孙两家形成鼎足三立之势。延康元年(220)正月,曹操去世,其子曹丕继任为丞相和魏王;同年十一月,曹丕“受禅”称帝(即魏文帝),改元黄初,正式建立了曹魏政权。《资治通鉴》以该年作为魏纪的开端,接续汉纪来记事(其余割据政权的史事都统括在魏纪中)。第二年,刘备在成都称帝,国号汉,史称蜀或蜀汉;又明年,孙权受封为吴王,七年后(229)称帝,建立吴国,史称东吴,三国至此完全确立。三国中,曹魏的疆域版图最大、势力最强,魏文帝曹丕和魏明帝曹叡(ruì)都能持盈守成,与蜀汉、东吴鏖战多年,不仅固守着原有的疆界,并且彻底平定了辽东,还将朝鲜半岛的半数之地纳入版图。也正是通过这些军事斗争,出身士族、有王佐之才的司马懿逐步树立起威望。明帝驾崩,司马懿受命与大将军曹爽一起辅佐幼帝曹芳。曹爽以何晏等为谋主,用明升暗降的办法,尊崇司马懿为太傅,实则剥夺了他的实权。于是,曹爽兄弟专擅朝政,而司马懿只好以退为进,托病不问政事,甚至在外人面前装出一副病入膏肓的样子,使曹爽放松了对他的警惕,暗中却紧锣密鼓地谋划着。正始十年(249),司马懿发动了高平陵政变,将曹爽集团一网打尽,曹魏军政大权从此落入司马氏手中。接着,司马懿父子又先后铲除王凌、毌(guàn)丘俭和诸葛诞(即所谓“淮南三叛”)等反对势力,经过三代人的经营,司马氏的根基日益牢固,而曹氏宗室的力量日益衰弱,代魏立晋的时机日益成熟。选文最后一段提到的何晏“名士风流”值得注意,因为,他开了魏晋玄学的先河,对后世产生了深远的影响,在我国古代思想史上占据相当重要的地位。

魏灭蜀汉

魏元帝景元四年(263),正月,魏国派钟会、邓艾、诸葛绪大举进攻蜀汉,八月,从洛阳发兵,大赏全军将士,列队誓师。九月,钟会率领诸军齐头并进,到达汉中。姜维与来援的廖化、张翼、董厥等人兵合一处,据守剑阁以抵御魏军。十月,姜维排列营垒据守险要之地,钟会进攻不能取胜,而且运粮道路既危险又遥远,想领兵撤回。邓艾则出奇制胜,从阴平(治今甘肃文县西北)出发,翻越七百余里绝险的无人之地,到达江油,蜀国守将马邈投降。诸葛瞻率诸军抵御邓艾,到达涪(fú)县(治今绵阳市东涪江东岸)后,停住不进。尚书郎黄崇屡次劝说诸葛瞻应迅速前进占据险要,不让敌人进入平地,诸葛瞻没有采纳。于是,邓艾长驱直入,击败诸葛瞻的前锋,诸葛瞻退兵驻扎在绵竹。邓艾率部进攻绵竹,大败蜀军,诸葛瞻父子战死。蜀汉人没想到魏兵突然而至,没做守城的准备;听说邓艾已经进入平原,百姓惊恐万状,都逃往山林大泽。蜀汉后主刘禅召集群臣讨论,有人主张投奔吴国,有人认为应当退守南中(相当于今四川大渡河以南和云南、贵州二省)。光禄大夫谯周分析形势,以为投吴和退守南中都不可取,建议刘禅投降魏国,于是刘禅就派侍中张绍等人捧着御玺向邓艾投降。各郡县和驻防部队都接到刘禅的命令而罢兵投降,姜维也与廖化、张翼、董厥等一起到钟会那里投降。

原文节选

1. 诏诸军大举伐汉,遣征西将军邓艾督三万余人自狄道趣甘松、沓中,以连缀姜维;雍州刺史诸葛绪督三万余人自祁山趣武街、桥头,绝维归路。钟会统十余万众分从斜谷、骆谷、子午谷趣汉中。以廷尉卫瓘(guàn)持节监艾、会军事，行镇西军司。

译文

［魏元帝景元四年(263)，春，正月］下诏大举进攻蜀汉，派征西将军邓艾率领三万人从狄道（治今甘肃临洮）开赴甘松、沓中（在今甘肃舟曲以西、岷县以南），以牵制姜维；派雍州刺史诸葛绪率领三万多人，从祁山（在今甘肃礼县东）开赴武街、桥头，截断姜维的退路。钟会统兵十万余人，分别从斜谷、骆谷、子午谷开赴汉中。让廷尉卫瓘持符节监督邓艾、钟会的军事，并代理镇西军司。

2. 秋，八月，军发洛阳，大赉(lài)将士，陈师誓众。

译文

秋季，八月，军队从洛阳出发，朝廷大肆犒赏将士，陈列军队誓师。

3. 姜维列营守险，会攻之不能克，粮道险远，军食乏，欲引还。邓艾上言："贼已摧折，宜遂乘之，若从阴平由邪径经汉德阳亭趣涪，出剑阁西百里，去成都三百余里，奇兵冲其腹心，出其不意，剑阁之守必还赴涪，则会方轨而进，剑阁之军不还，则应涪之兵寡矣。"遂自阴平行无人之地七百余里，凿山通道，造作桥阁。山谷高深，至为艰险，又粮运将匮，濒于危殆，艾以毡自裹，推转而下。将士皆攀木缘崖，鱼贯而进。先登至江油，蜀守将马邈降。

译文

（十月）蜀将姜维分布营寨据守险要之处，钟会攻打他不能取胜，粮道既危险又遥远，军粮缺乏，想领兵撤回。邓艾上奏章说："敌兵已经受到沉重打击，应该乘胜追击，如果从阴平由小路经过汉朝的德阳亭抵达涪县，自剑阁之西一百里，离成都三百余里，出奇兵冲击其腹心之地，将出乎敌人的意料之外，剑阁的守军肯定返回救援涪县，这样钟会的兵士就可以两车并行推进，若是剑阁的守军不返回，那么涪县抵抗我们的兵力就会很薄弱。"于是，邓艾率兵从阴平出发，走了七百余里的无人之地。他们凿山开路，架桥梁建阁道。因为山高谷深，极为艰险，粮食的运送也跟不上。在濒临危险的境地时，邓艾用毡毯裹住自己，翻滚着下了山，将士们也都攀附着树木悬崖，鱼贯而进。先头部队来到江油，蜀国守将马邈投降。

4. 诸葛瞻督诸军拒艾，至涪，停住不进。尚书郎黄崇，权之子也，屡劝瞻宜速行据险，无令敌得入平地，瞻犹豫未纳；崇再三言之，至于流涕，瞻不能从。艾遂长驱而前，击破瞻前锋，瞻退住绵竹。艾以书诱瞻曰："若降者，必表为琅邪王。"瞻怒，斩艾使，列陈以待艾。艾遣子惠唐亭侯忠出其右，司马师纂等出其左。忠、纂战不利，并引还，曰："贼未可击！"艾怒曰："存亡之分，在此一举，何不可之有！"叱忠、纂等，将斩之。忠、纂驰还更战，大破，斩瞻及黄崇。瞻子尚叹曰："父子荷国重恩，不早斩黄皓，使败国殄民，用生何为！"策马冒陈而死。

译文

诸葛瞻统领各军抵御邓艾，到达涪县后，停住不进。尚书郎黄崇，是黄权的儿子，多次劝诸葛瞻迅速前行据守险要，不要让敌人进入平地，诸葛瞻犹犹豫豫没有采纳；黄崇再三规劝，甚至声泪俱下，诸葛瞻还是没有听从。于是，邓艾长驱直入，击败诸葛瞻的前锋部队，诸葛瞻率军后撤，驻扎在绵竹。邓艾写信劝诱诸葛瞻说："如果投降，一定上奏章举荐你为琅邪王。"诸葛瞻大怒，斩杀了邓艾的使者，摆开阵势以等待邓艾来攻。邓艾派他的儿子惠唐亭侯邓忠攻蜀军右翼，派司马师纂等人攻蜀军左翼。邓忠与师纂战斗不利，都撤兵回来，说："敌兵不容易打败！"邓艾发怒，说："存亡与否就在此一举，哪有不能打败的！"并呵斥邓忠、师纂等人，要杀了他们。邓忠、师纂骑马返回再战，大败蜀兵，杀了诸葛瞻和黄崇。诸葛瞻之子诸葛尚叹息说："我们父子蒙受国家大恩，没有早点斩了黄皓，致使国败民亡，还活着干什么！"于是，抽打着战马，冲入敌阵战死。

5. 汉人不意魏兵卒至，不为城守调度；闻艾已入平土，百姓扰扰，皆迸山泽，不可禁制。汉主使群臣会议，或以蜀之与吴，本为与国，宜可奔吴；或以为南中七郡，阻险斗绝，易以自守，宜可奔南。光禄大夫谯周以为："自古以来，无寄他国为天子者，若入吴国，亦当臣服。且治政不殊，则大能吞小，此数之自然也。由此言之，则魏能并吴，吴不能并魏明矣。等为称臣，为小孰与为大，再辱之耻何与一辱！且若欲奔南，则当早为之计，然后可果；今大敌已近，祸败将及，群小之心，无一可保，恐发足之日，其变不测，何至南之有乎！"或曰："今艾已不远，恐不受降，如之何？"周曰："方今东吴未宾，事势不得不受，受之不得不礼。若陛下降魏，魏不裂土以封陛下者，周请身诣京都，以古义争之。"众人皆从周议。汉主犹欲入南，狐疑未决。周上疏曰："南方远夷之地，平常无所供为，犹数反叛，自丞相亮以兵威逼之，穷乃率从。今若至南，外当拒敌，内供服御，费用张广，他无所取，耗损诸夷，其叛必矣！"汉主乃遣侍中张绍等奉玺绶以降于艾。

译文

蜀国的人不曾想到魏兵会突然来到，没做守城的准备；听说邓艾已经进入平地，百姓们异常纷乱，都逃往山泽，不能阻止。蜀汉后主刘禅召集群臣讨论，有人认为蜀国与吴国本来是友邦，应该投奔吴国；有人认为南中七郡，地势险要陡峭，容易防守，应该奔向南面。光禄大夫谯周认为："自古以来，没有寄居别国做天子的，若是到了吴国，也必当臣服于吴国。而且若治国之道相差无几，那么大国肯定吞并小国，这是自然的规律。由此看来，魏国能吞并吴国，而吴国不能吞并魏国，是很明显的。同样是称臣，向小国称臣哪里比得上向大国称臣？两次受辱的耻辱哪里比得上一次受辱？而若想要奔赴南方，就应当早些谋划考虑，才有可能成功；如今大敌当前，灾祸就要降临，众下属的心思，很难保其不变，恐怕启程出发的时候，难保会有什么不测的变故，怎么能到达南中呢？"有人说："如今邓艾已经相距不远，恐怕会不接受我们投降，怎么办呢？"谯周说："现在，吴国还没有臣服于魏，事情发展的态势使他不得不接受，接受了，也不得不以礼相待。倘若陛下投降魏国，而魏国不划分土地封给陛下，我请求亲自前往京城洛阳，凭借古代的义理为陛下争取。"众人都同意了谯周的建议。蜀汉后主仍然想入南中，犹豫不决。谯周上奏疏说："南方是偏远的蛮夷之地，平常并不交纳供奉，还多次反叛，自丞相诸葛亮用武力威逼他们，无奈之下才顺从。而今如果去南中，外要抗拒敌兵，内要满足我们的日常用度，费用庞大，没有别的地方的财政来源，只能耗损各夷人部族，他们反叛是必然的。"蜀汉后主于是派侍中张绍等人呈上玉玺丝带向邓艾投降。

导读

三国中，以蜀国最为弱小。刘备是西汉宗室中山靖王刘胜（景帝之子）的后裔，但到他这一代，已经没落到只能靠织席贩履为生了。东汉末年，天下大乱，时势造英雄，刘备也乘势而兴。曹操曾与刘备"煮酒论英雄"，说："天下英雄，唯使君与操耳。"但刘备飘零半生，未得寸土，后来通过赤壁之战与孙权联合击败曹操，才趁势夺得荆州（辖境约相当于湘鄂二省及豫桂黔粤的一部分），而后又进占益州

(指现在的四川一带)和汉中,建立了蜀汉政权。但孙、刘两家因荆州问题导致联盟破裂,建安二十四年(219),孙权派吕蒙袭取荆州,杀了守将关羽。刘备遂起倾国之兵伐吴,夷陵(治今湖北宜昌市东南)一战,被东吴大将陆逊打败,退到白帝城(在今重庆奉节东白帝山上),一病不起,临终托孤于丞相诸葛亮。刘备去世后,其子刘禅嗣位,史称“后主”。诸葛亮辅政,对外修复同东吴的关系,对内信赏必罚、修明政治、足食足兵;还率军渡过泸水(指今雅砻江下游和金沙江汇合雅砻江以后一段),深入烟瘴之地,平定了南中的蛮夷之乱;而后几度派兵北伐曹魏,都因天时、地利、人和未得其便,没有取得什么重大的战果。建兴十二年(234),诸葛亮第五次北伐时,病逝于五丈原(在今陕西省岐山南,斜谷口西侧)。诸葛亮死后,蒋琬、费祎(yī)等相继执政,他们在能力上跟诸葛亮相差太远,勉强能够守成而已;军事上以姜维为统领,先后进行了十余次北伐,连诸葛亮都做不到的事,姜维就更无能为力了。加上刘禅后期宠信宦官黄皓,内政日益紊乱,蜀汉逐渐走向衰落。掌控曹魏军政大权的司马昭,见蜀汉江河日下,灭蜀的时机已经成熟,于景元四年(263)派遣钟会、邓艾等伐蜀。蜀将姜维组织抵抗,将钟会大军阻挡在剑阁;邓艾遂出奇兵,从阴平小道翻越七百余里绝险无人之地,进抵绵竹,大败蜀将诸葛瞻,直捣蜀都成都。刘禅出降,姜维也向钟会投降,蜀汉灭亡。后来,钟会图谋据蜀自立,诬陷邓艾谋逆,又与姜维密谋,欲尽杀魏诸将,但事情败露,引发兵变,钟、姜、邓三人都没得善终。

五、晋纪

贾后乱晋

晋武帝泰始八年(272),皇太子司马衷纳贾氏为妃。贾妃比太子年长两岁,生性妒忌,机巧狡诈,太子既宠爱她,又怕她。咸宁四年(278),朝廷上下都知道太子糊涂愚蠢,难当重任。尚书令卫瓘向晋武帝暗示,武帝假装糊涂,卫瓘很是不安。永熙元年(290),晋武帝去世,太子司马衷继位,是为晋惠帝。太尉杨骏执掌朝政,他执政严酷而又专断固执,不得人心。元康元年(291)二月,贾皇后召楚王司马玮(wěi)入朝,于三月辛卯这天诛杀了杨骏,迁杨太后于永宁宫;壬寅,征召汝南王司马亮任太宰,与太保卫瓘都任录尚书事,辅佐朝政。同年六月,贾皇后利用司马玮对司马亮和卫瓘的不满,指使惠帝颁诏给司马玮,让他将司马亮和卫瓘抓起来杀了,然后,又以擅杀的罪名杀了司马玮。从此,贾皇后独揽朝政,任命她的亲族担任要职,并将朝政托付给了张华。元康九年(299),十二月,贾皇后等设计诬陷太子司马遹(yù)谋反,将其废黜为庶人,关押在金墉城(在今河南洛阳)。右军将军赵王司马伦依附于贾皇后,执掌兵权,却颇有野心。永康元年(300),三月,司马伦采纳孙秀的谋划,诱使贾皇后杀掉了太子。四月,司马伦假称惠帝诏令,以擅杀太子的罪名斩了贾谧,逮捕贾氏亲党,废黜贾皇后为庶人,并赐死;又将张华等朝廷名望重臣一并杀了,为篡位清除障碍。永宁元年(301),正月,司马伦将晋惠帝放逐到金墉城,自即帝位,改元建始。同年闰五月,齐王司马冏(jiǒng)、成都王司马颖、河间王司马颙(yóng)等人的军队攻入洛阳,杀了司马伦、孙秀等,迎接惠帝回朝。

原文节选

1. 贾后密使猛与观、肇谋诛骏,废太后;又使肇报汝南王亮,使举兵讨骏,亮不可。肇报都督荆州诸军事楚王玮,玮欣然许之,乃求入朝。骏素惮玮勇锐,欲召之而未敢,因其求朝,遂听之。二月,癸酉,玮及都督扬州诸军事、淮南王允来朝。

译文

[晋惠帝元康元年(291),正月]贾皇后秘密指使董猛与孟观、李肇谋划诛杀杨骏,废去太后;又派李肇告知汝南王司马亮,让他发兵讨伐杨骏,司马亮没有答应。李肇告知都督荆州诸军事楚王司马玮,司马玮欣然答应,于是请求入京朝见。杨骏平素就忌惮司马玮的勇悍,想召他来又不敢,乘他这次请求朝见,就答应了他。二月,二十日,司马玮和都督扬州诸军事、淮南王司马允来京朝见。

2. 三月,辛卯,孟观、李肇启帝,夜作诏,诬骏谋反,中外戒严,遣使奉诏废骏,以侯就第。命东安公繇帅殿中四百人讨骏,楚王玮屯司马门,以淮南相刘颂为三公尚书,屯卫殿中。

译文

三月,初八,孟观、李肇禀告晋惠帝,夜里写了诏书,诬陷杨骏谋反,朝廷内外戒严,派使者捧着诏书罢免杨骏官职,以侯爵身份回家。命令东安公司马繇,率领宫廷中军队四百人讨伐杨骏,楚王司马玮率军屯驻在司马门，任命淮南相刘颂为三公尚书，驻兵守卫宫廷。

3. 寻而殿中兵出，烧骏府，又令弩手于阁上临骏府而射之，骏兵皆不得出。骏逃于马厩，就杀之。孟观等遂收骏弟珧(yáo)、济，张劭(shào)、李斌、段广、刘豫、武茂及散骑常侍杨邈、中书令蒋俊、东夷校尉文鸯，皆夷三族，死者数千人。

译文

不久，宫中的士兵们出来，放火焚烧了杨骏的府第，又命弓弩手在阁楼上对着杨骏的府第放箭，使杨骏的士兵都出不来。杨骏逃到马厩，就在那里被斩杀了。孟观等人于是逮捕了杨骏的弟弟杨珧、杨济，张劭、李斌、段广、刘豫、武茂，以及散骑常侍杨邈、中书令蒋俊、东夷校尉文鸯，都被灭了三族，死的有几千人。

4. 壬寅，征汝南王亮为太宰，与太保卫瓘皆录尚书事，辅政。

译文

十九日，征召汝南王司马亮任太宰，与太保卫瓘一同总领尚书事务，辅佐朝政。

5. 后素怨瓘，且患二公执政，己不得专恣，夏，六月，后使帝作手诏赐玮曰："太宰、太保欲为伊、霍之事，王宜宣诏，令淮南、长沙、成都王屯诸宫门，免亮及瓘官。"夜，使黄门赍以授玮。

译文

贾皇后素来怨恨卫瓘，担心司马亮与卫瓘执政，自己就不能专权放纵了。夏季，六月，贾皇后让皇帝亲笔写诏书赐给司马玮，说：“太宰、太保想要像伊尹、霍光一样行废立之事，楚王应该宣布诏书，命令淮南王、长沙王、成都王驻守各宫门，免去司马亮和卫瓘的官职。”夜里，派宦官拿着诏书授予司马玮。

6. 玮亦欲因此复私怨，遂勒本军，复矫诏召三十六军……遣公孙宏、李肇以兵围亮府，侍中清河王遐收瓘。

译文

司马玮也想乘机报私人的怨恨，于是率领自己的部队，又诈称皇帝的诏命召集三十六军……派遣公孙宏、李肇领兵包围了司马亮的府第，让侍中、清河王司马遐(xiá)去逮捕卫瓘。

7. 亮帐下督李龙，白“外有变，请拒之”；亮不听。俄而兵登墙大呼，亮惊曰：“吾无贰心，何故至此！诏书其可见乎？”宏等不许，趣兵攻之。长史刘准谓亮曰：“观此必是奸谋。府中俊乂(yì)如林，犹可力战。”又不听，遂为肇所执，叹曰：“我之赤心，可破示天下也。”与世子矩俱死。

译文

司马亮的帐下督李龙，禀告司马亮说“外面发生了变故，请允许我们抵抗”；司马亮不采纳。不久，士兵登上墙头大喊，司马亮惊慌地说：“我没有反叛的心思，为什么到了这步田地！诏书可以看一看吗？”公孙宏等人不答应，催促士兵加紧进攻。长史刘准告诉司马亮：“看这情形必定是奸邪的阴谋。府里有才能的人很多，还可以努力奋战。”司马亮又不采纳，于是被李肇抓住，他感叹说：“我的赤诚之心，可以剖开展示给天下的人看。”就和他的世子司马矩一起被杀。

8. 卫瓘左右亦疑遐矫诏，请拒之，须自表得报，就戮未晚；瓘不听。初，瓘为司空，帐下督荣晦有罪，斥遣之。至是，晦从遐收瓘，辄杀瓘及子孙共九人，遐不能禁。

译文

卫瓘的亲信也怀疑司马遐是诈称皇帝诏命，请求抵抗，并说等候上表有了答复，再接受处罚不迟；但是卫瓘不同意。当初，卫瓘任司空时，帐下督荣晦犯了罪，被卫瓘斥责并调遣出去。到了此时，荣晦跟随司马遐逮捕了卫瓘，并杀了卫瓘及其子孙一共九人，司马遐也不能制止他。

9. 太子少傅张华使董猛说贾后曰：“楚王既诛二公，则天下威权尽归之矣，人主何以自安！宜以玮专杀之罪诛之。”贾后亦欲因此除玮，深然之。是时内外扰乱，朝廷恟惧，不知所出。张华白帝，遣殿中将军王宫赍驺(zōu)虞幡出麾众曰：“楚王矫诏，勿听也!”众皆释仗而走。玮左右无复一人，窘迫不知所为，遂执之，下廷尉；乙丑，斩之。

译文

太子少傅张华派董猛劝说贾皇后道：“楚王已经杀了司马亮和卫瓘，天子的威权全都归属于他了，君王怎么能够安稳呢？应该凭着司马玮专擅杀人的罪行惩处他。”贾皇后也想乘此机会除掉司马玮，所以非常赞同这一主张。这时，内外混乱，朝廷纷乱恐惧，不知如何是好。张华禀告皇帝，派遣殿中将军王宫拿着标有仁兽驺虞的旗帜指挥众人说：“楚王诈称皇帝命令，不要听他的话。”众人都放下兵器逃走了。司马玮的身边一个人也没有了，他窘迫得不知所措，王宫于是逮捕了他，交给廷尉；十三日，将他处斩。

10. 于是贾后专朝，委任亲党。

译文

从此以后，贾皇后独揽朝政，任用亲族。

导读

灭蜀后的第二年，即泰始元年(265)，司马昭去世；数月后，其子司马炎代魏称帝，正式建立西晋政权。《资治通鉴》以该年作为晋纪的开端，接续魏纪来记事(吴国史事统括在晋纪中)。咸宁五年(279)，晋武帝司马炎命杜预、王濬(jùn)等人分兵伐吴；次年，灭掉吴国，完成了统一大业。西晋立国之初，晋武帝司马炎革除了一些前朝积弊，颇有所作为，因而出现所谓“太康之治”的盛世景象。但自平吴之后，武帝开始纵情声色，怠于政事，蔽惑于邪佞。他的两大失误尤为致命：一是他吸取曹魏孤立而亡的教训，大肆分封诸王，且赋予他们很高的权力，使之专制一方。此举逆历史潮流而动，使王国问题再度凸显出来。二是在确定继承人问题上不果断。明知皇太子司马衷愚钝不堪，仍以天下重任托付之；明知太子妃贾南风妒忌狠辣，仍优容之。太熙元年(290)，晋武帝病逝，皇太子司马衷继位，是为晋惠帝，上述两点的恶果就开始显现出来了。《易经·解卦》上说：“负且乘，致寇至。”背负包袱本是小人做的事情，而他偏要去乘坐那贵人用的马车，强盗就想来夺取了。这不正是说晋惠帝的吗？本身只有那么大的能力，却偏要占据着尊贵无比的帝位，自然勾起了野心家们的觊觎之心，于是由皇后贾南风干政弄权而引发了“八王之乱”，由司马氏骨肉相残而引发各民族之间的征战。祸乱频作，令人目不暇接，自此神州陆沉达数百年之久。继承人关乎国运，怎么能不谨慎呢？故西晋之亡乃是亡于武帝之手。选文涉及的就是“八王之乱”的前一阶段，与后面的“晋难方殷”是姊妹篇。

晋难方殷

三王起兵消灭赵王司马伦之后，齐王司马冏晋封为大司马，辅政，颇有些骄纵奢侈且独揽大权。太安元年(302)，十一月，河间王司马颙约同成都王司马颖、长沙王司马乂讨伐司马冏。十二月，司马冏兵败被杀，司马乂秉政。太安二年(303)，八月，司马颙和司马颖又一起上奏表讨伐长沙王司马乂，并包围了洛阳。永兴元年(304)，正月，东海王司马越逮捕司马乂，并打开城门投降，司马乂被烧烤而死。三月，惠帝下诏立司马颖为皇太弟，秉政；司马颖留驻邺城，遥控朝廷。七月，司空东海王司马越等挟持惠帝讨伐皇太弟司马颖，在荡阴(今河南汤阴)遭到惨败，惠帝车驾被劫入邺城，司马越逃回东海。幽州刺史王浚与并州刺史东嬴公司马腾等起兵，讨伐司马颖。匈奴贵族刘渊，文武全才，晋武帝却不用。皇太弟司马颖驻守邺城，表奏刘渊任冠军将军，监理五部匈奴的军政事务，让他在邺城统领军队。等到王浚、司马腾起兵讨伐司马颖，刘渊借机脱身回到左国城(故址在今山西吕梁市东北)，建立匈奴汉国。司马颖被王浚等打败，挟惠帝回到洛阳，河间王司马颙的部将张方倚仗兵权，控制了朝政，皇太弟司马颖再也参与不了政事。同年十一月，惠帝被张方挟持到长安，被司马颙等控制；十二月，改立豫章王司马炽为皇太弟。永兴二年(305)秋，东海王司马越发布檄文，组织崤山以东的各镇、州、郡讨伐司马颙。光熙元年(306)，五月，司马越的部将祁弘等人率兵攻入长安，司马颙逃奔到南山。次月,祁弘等奉惠帝回到洛阳。十一月,晋惠帝驾崩,皇太弟司马炽即皇帝位,是为晋怀帝。

原文节选

1. 初,太弟颖表匈奴左贤王刘渊为冠军将军,监五部军事,使将兵在邺。渊子聪,骁勇绝人,博涉经史,善属文,弯弓三百斤;弱冠游京师,名士莫不与交。颖以聪为积弩将军。

译文

起初,太弟司马颖上表,奏请让匈奴左贤王刘渊担任冠军将军,督察五个部落的军政事务,命令他率领军队驻扎在邺城。刘渊的儿子刘聪,勇猛过人,广泛涉猎经史典籍,很会写文章,还能拉开三百斤张力的大弓;刘聪年轻时到京城游学,京都名士没有谁不和他交好的。司马颖委派他担任积弩将军。

2. 渊从祖右贤王宣谓其族人曰:"自汉亡以来,我单于徒有虚号,无复尺土;自余王侯,降同编户。今吾众虽衰,犹不减二万,奈何敛首就役,奄过百年!左贤王英武超世,天苟不欲兴匈奴,必不虚生此人也。今司马氏骨肉相残,四海鼎沸,复呼韩邪之业,此其时矣!"乃相与谋,推渊为大单于,使其党呼延攸诣邺告之。

译文

[永兴元年(304),八月]刘渊的堂祖父匈奴右贤王刘宣对他的族人说:"自从汉朝灭亡以来,我们的单于只有虚名,再也没有一尺土地;其余的王侯,地位下降到与编户相同。现在,我们的部众虽然衰落了,却还在两万人以上,为什么畏首畏尾接受奴役,忽然间过去了

一百年？左贤王（刘渊）英明神武超越一般人，上天如果不是想让匈奴复兴，是绝不会白白降生出这么个人来的。现在，司马氏骨肉相残，四海动荡就像那鼎中沸腾的滚水，光复呼韩邪的事业，正是这个时候！”于是，他们互相谋划后，推举刘渊为大单于，派他的党羽呼延攸到邺城去告知他。

3. 渊白颖，请归会葬，颖弗许。渊令攸先归，告宣等使招集五部及杂胡，声言助颖，实欲叛之。及王浚、东嬴公腾起兵，渊说颖曰：“今二镇跋扈，众十余万，恐非宿卫及近郡士众所能御也，请为殿下还说五部以赴国难。”……颖悦，拜渊为北单于、参丞相军事。

译文

刘渊向司马颖陈述，请求回去参加族人的葬礼，司马颖不允许。刘渊让呼延攸先回去，要刘宣等人召集五个部落以及各个少数民族的人，声称援助司马颖，实际打算背叛他。等到王浚、东嬴公司马腾起兵讨伐司马颖时，刘渊对司马颖说：“现在幽、并二州镇将气焰嚣张，率众十多万人，这恐怕不是禁卫军和附近郡县的军队所能抵御的，我请求为殿下回去召集五个部落共赴国难。”……司马颖非常高兴，任命刘渊担任北单于、参丞相军事等职。

4. 渊至左国城，刘宣等上大单于号，二旬之间，有众五万，都于离石，以聪为鹿蠡（lǐ）王。遣左於陆王宏帅精骑五千，会颖将王粹拒东嬴公腾。粹已为腾所败，宏无及而归。

译文

刘渊抵达左国城，刘宣等人给他奉上大单于的尊号，二十天之内，聚众五万人，在离石县（今山西吕梁市中部）建都，封刘聪为鹿蠡王。刘渊派左於陆王刘宏率领五千精锐骑兵，会同司马颖的部将王粹，阻击东嬴公司马腾。王粹已被司马腾打败，刘宏没赶上，就退回去了。

5. 刘渊闻太弟颖去邺，叹曰："不用吾言，逆自奔溃，真奴才也！然吾与之有言矣，不可以不救。"将发兵击鲜卑、乌桓，刘宣等谏曰："晋人奴隶御我，今其骨肉相残，是天弃彼而使我复呼韩邪之业也。鲜卑、乌桓，我之气类，可以为援，奈何击之！"渊曰："善！大丈夫当为汉高、魏武，呼韩邪何足效哉！"宣等稽首曰："非所及也！"

译文

刘渊听说太弟司马颖离开了邺城，叹息道："不听我的话，反倒自行奔逃溃散，真是蠢材！但我与他有言在先，不能不救他。"于是，打算发兵攻打鲜卑、乌桓，刘宣等人劝谏说："晋朝人对待我们像奴隶一样，如今他们亲人之间互相残杀，是上天抛弃他们而让我们光复呼韩邪的事业。鲜卑、乌桓，是我们的同类，可以用作外援，怎么能攻打他们呢？"刘渊说："好！大丈夫应当做汉高祖、魏武帝，呼韩邪如何值得效仿呢？"刘宣等人叩头行礼说："您的见识和气度不是我们能比得上的。"

6. 刘渊迁都左国城。胡、晋归之者愈众。渊谓群臣曰："昔汉有天下久长，恩结于民。吾，汉氏之甥，约为兄弟；兄亡弟绍，不亦可乎！"乃建国号曰汉。刘宣等请上尊号，渊曰："今四方未定，且可依高祖称汉王。"于是即汉王位，大赦，改元曰元熙。

译文

刘渊把都城迁到左国城，投奔他的少数民族的人和晋朝人更多了。刘渊对群臣说："过去，汉朝拥有天下的时间很长，用恩德维系着百姓。我是汉朝刘氏的外甥，相约为兄弟，哥哥亡故而弟弟继承，不是也可以吗？"于是建立国号为汉。刘宣等人请求给刘渊上一个尊号，刘渊说："现在四方还没有平定，暂且可效仿汉高祖称为汉王。"于是，登上汉王王位，宣布大赦，改年号为元熙。

导读

历史由许多偶然的事件组成，但在偶然事件的背后有其内在的必然；每一个历史人物看上去好像都是自主自为的，其实他们不过是"牵线木偶"罢了，操控他们的是历史发展的大势。前面我们讲到，晋武帝当为西晋的灭亡承担主要的责任，而西晋的灭亡也有历史的必然性。自西汉武帝"罢黜百家，独尊儒术"之后，儒学（经学）在统一和维系人们的思想方面，贡献是很大的。但是"学术潜移"是自然的规律，"定于一尊"的经学导致了人们思想的僵化，慢慢成了社会发展的桎梏；而早在两汉之际，就有佛教传入，东汉中后期，黄老道等"异端"开始在朝野泛滥，这些都为思想的多元化提供了条件。汉帝国解体之后，经学缺少了制度的保障，维系人们思想达三百余年的儒学走向低谷，纲常名教被蔑视抛弃，人们的思想就像那决堤的洪水一样，开始泛滥无归。各种思潮纷纷亮相，在文化上是异彩纷呈，在政治上则表现为分裂割据。从汉末董卓之乱到晋武帝灭吴，尚不足百年的时间，此时玄学才刚刚"发酵"，佛学、道学正方兴未艾。换句话说，就是思想界还没"闹够"，人们的思想尚无所"归束"。这样，即便政治上统一了，但根基并不牢靠，就像建立在沙丘上的大厦，稍有点动静，瞬间便坍塌了。晋武帝虽然统一了天下，但他缺乏长远的眼光，根本没有考虑过思想统一的问题，也就是说，他在施政上缺少了统一思想这重要的一环，而所选的继承人又非常愚钝，这样，连个修补弥缝的机会都没有了。所以，“八王之乱”只不过是大分裂、大动荡的前奏或“首秀”。司马氏骨肉相残，为汉魏以来内徙而盘踞在华北地区的匈奴、鲜卑、羯（jié）、氐（dī）、羌诸族势力的扩张提供了难得的机遇。永兴元年（304），氐族酋长李雄占据成都，建立成汉政权；同年，匈奴贵族刘渊起兵于离石，在左国城即汉王位，建立匈奴汉国，是为汉赵政权的前身。选文所述即为刘渊建国的史事。到光熙元年（306），晋怀帝即位时，诸族纷纷举兵，天下乱象已成。晋怀帝永嘉五年（311），太傅司马越死，太尉王衍等护送其灵柩回东海国，被汉国刘聪的部下石勒袭杀于苦县宁平城（在今河南郸城县东北），死者十余万人。同年六月，刘聪部将刘曜等人攻破洛阳，俘晋怀帝，士民死者三万余人，史称“永嘉之祸”。由于中原板荡，北方士族纷纷南下避乱，琅邪王司马睿移镇建康（今江苏南京市），在士族王导等人的辅佐下，逐渐在南方站稳了脚跟。建兴四年（316），长安又被刘曜攻破，晋愍帝出降，西晋灭亡。司马睿遂于建兴五年（317）即晋王位（次年才正式称帝），重建晋政权，史称东晋。《资治通鉴》以该年作为东晋纪的开端，接续西晋纪来记事；而将北方十六国时期，各个割据政权的记事统括在东晋纪中。

淝水之战

东晋孝武帝太元八年（383），七月，前秦王苻坚发布诏命，准备大举入侵东晋。当时，前秦满朝大臣都不想让苻坚出征，只有鲜卑贵族慕容垂、羌族贵族姚苌（cháng）及良家子弟赞成。八月甲子，苻坚发兵长安，步兵六十多万，骑兵二十七万，旌旗战鼓绵延千里。九月，苻坚抵达项城，凉州的军队才到咸阳，蜀、汉的军队正顺势而下。幽州、冀州的军队已到彭城，东西万里，水陆并进，运输军粮的船只多达万艘。阳平公苻融等人的部众三十万人，先期抵达颍口(在今安徽省颍上县东南)。东晋朝廷任命谢石为征虏将军、征讨大都督，任命谢玄为前锋都督，与谢琰、桓伊等人的兵众共八万人抵抗前秦军队。让胡彬带领五千水军援助寿阳(治今安徽寿县)。十月，前秦苻融等人攻克寿阳，胡彬只好退守硖(xiá)石(在今安徽寿县西北)，并向谢石等报告形势危急。苻坚听闻晋军力薄，就把大部队留在项城，自率八千轻骑赶到寿阳与苻融会合。苻坚派朱序到晋军劝降，朱序却私下里建议谢石等人立刻发动攻击。十一月，晋广陵相刘牢之在洛涧(今安徽洛河)大败秦将梁成，于是谢石等各路军队，从水路、陆路相继进发，与秦军对峙于淝水两岸。谢玄派使者劝秦军稍稍后退，以便晋军过河决战。苻坚本拟让晋军半渡再发动攻击，不料秦军一退即不可收拾。晋军渡过淝水，乘胜追击。秦军兵败如山倒，苻坚本人中了流箭，单枪匹马逃到淮河以北。此时，前秦的各路军队全都溃散，唯独慕容垂所统领的三万人保全完整。

原文节选

1. 石闻坚在寿阳，甚惧，欲不战以老秦师。谢琰劝石从序言。十一月，谢玄遣广陵相刘牢之帅精兵五千趣洛涧，未至十里，梁成阻涧为陈以待之。牢之直前渡水，击成，大破之，斩成及弋阳太守王咏；又分兵断其归津，秦步骑崩溃，争赴淮水，士卒死者万五千人，执秦扬州刺史王显等，尽收其器械军实。于是谢石等诸军，水陆继进。秦王坚与阳平公融登寿阳城望之，见晋兵部阵严整，又望八公山上草木皆以为晋兵，顾谓融曰："此亦勍(qíng)敌，何谓弱也！"怃然始有惧色。

译文

谢石听说苻坚在寿阳,非常害怕,想坚守不战拖垮秦军。谢琰劝谢石采纳朱序的建议。十一月,谢玄派广陵相刘牢之率领五千精兵奔赴洛涧,离洛涧还有十里的路程,梁成扼控洛涧部署兵阵等待刘牢之。刘牢之径直向前,渡过洛涧,进击梁成的军队,大败敌军,杀了梁成以及弋阳太守王咏;又另外派兵切断了秦军回去的渡口,前秦的步兵、骑兵崩溃,争着逃向淮水,士兵死了一万五千人。还俘获了前秦扬州刺史王显等人,收缴了他们全部的武器军粮。于是,谢石等各路军队,从水路、陆路相继进发。前秦王苻坚与阳平公苻融登上寿阳城瞭望,看见东晋的军队布阵严整,又望见八公山上的草木,以为都是晋朝的士兵,苻坚回头对苻融说:“这也是强敌,怎么能说他弱小呢!”茫然若失,脸上开始有了恐惧的神色。

2. 秦兵逼淝水而陈,晋兵不得渡。谢玄遣使谓阳平公融曰:“君悬军深入,而置陈逼水,此乃持久之计,非欲速战者也。若移陈少却,使晋兵得渡,以决胜负,不亦善乎!”秦诸将皆曰:“我众彼寡,不如遏之,使不得上,可以万全。”坚曰:“但引兵少却,使之半渡,我以铁骑蹙而杀之,蔑不胜矣!”融亦以为然,遂麾兵使却。秦兵遂退,不可复止。谢玄、谢琰、桓伊等引兵渡水击之。融驰骑略陈,欲以帅退者,马倒,为晋兵所杀,秦兵遂溃。玄等乘胜追击,至于青冈;秦兵大败,自相蹈藉而死者,蔽野塞川。其走者闻风声鹤唳,皆以为晋兵且至,昼夜不敢息,草行露宿,重以饥冻,死者什七八。初,秦兵少却,朱序在陈后呼曰:“秦兵败矣!”众遂大奔。序因与张天锡、徐元喜皆来奔。获秦王坚所乘云母车。复取寿阳,执其淮南太守郭褒。

译文

前秦的军队紧挨着淝水摆开阵势,晋军过不了河。谢玄派使者对阳平公苻融说："您孤军深入，却紧挨着淝水列阵，这是要打持久战的意思，不是想速战速决。如果您能将兵阵往后稍微移动一点点，让晋军得以渡河，以决胜负，不也挺好吗？"前秦将领们都说："我众敌寡，不如遏抑他们，使他们上不了岸，这样可以万无一失。"苻坚说："只是领兵稍微后撤一点，让他们渡到一半，我们再出动铁甲骑兵迫近攻杀，没有不胜的！"苻融也认为可行，于是指挥军队后撤。秦军于是一退就不可收拾。谢玄、谢琰、桓伊等率军渡过淝水，进攻秦军。苻融骑着马奔跑着巡视阵地，想要控制退逃的兵众，结果战马倒地，被晋兵杀死，秦军崩溃。谢玄等乘胜追击，一直追到青冈（在今安徽寿县西北）；秦军大败，自相践踏而死的人，遮蔽了山野，堵塞了河流。逃跑的人听到风声和鹤鸣声，都以为是晋军追来，昼夜不敢停歇，慌不择路，风餐露宿，加上饥寒，死亡的人十有七八。当初，秦军稍微后撤时，朱序在军阵后面高声呼喊："秦军败啦！"众人听了，就发足狂奔。朱序就与张天锡、徐元喜都来投奔东晋。晋军缴获了前秦王苻坚所乘坐的装饰着云母的车乘。又攻取了寿阳，抓获了前秦的淮南太守郭褒。

导读

西晋灭亡后，北方陷入长期的战乱，先后出现了二十余个割据政权，直到439年，北魏灭北凉统一北方才结束。割据政权中比较突出的有十六个，故史家称这一时期为"十六国时期"。以383年的淝水之战为界，十六国时期的历史大致可分为前后两个阶段。这里简单介绍前一阶段：刘渊所建的匈奴汉国，由刘聪、刘粲而至刘曜，319年乃改国号为赵，建都长安，史称"汉赵"或"前赵"。同年，羯人石勒与刘曜决裂，自称赵王，建都襄国（在今河北邢台西南），329年灭前赵，次年称帝，史称"后赵"。后赵极盛时期，占有了除辽东、河西以外的广大北方地区，351年为汉人冉闵建立的冉魏所灭。但冉魏因受羌酋姚弋仲和鲜卑慕容儁(jùn)的围攻,也于352年败亡。辽东的鲜卑族慕容氏逐渐强盛,352年灭掉冉魏之后,攻占了原来后赵所据的中原地区。同年,慕容儁登基称帝,定都邺城,国号燕,史称前燕。后赵石虎统治时期,曾迁关中豪族及氐、羌共十万户到襄国,到冉闵当政时,大杀少数民族人民。氐酋苻洪、苻健父子遂率流民西归,占据关陇。352年,苻健称帝,定都长安,国号大秦,史称前秦。苻健死后,太子苻生继位,残忍嗜杀。357年,苻健侄子苻坚杀苻生,即位,称“大秦天王”。在十六国时期,苻坚算是一位颇有作为的君主,他以汉人王猛为谋主,励精图治,前后不过十来年,国家迅速壮大,乃于370年灭了前燕。此后,经十余年的兼并,到382年统一了整个北方,与东晋形成南北对峙局面。然而苻坚心意未满,欲一鼓作气荡平江左,遂不顾王猛临终前的告诫和大臣们的苦谏,于383年大举进攻东晋,淝水一战,前秦大败。次年,鲜卑贵族慕容垂在关东乘势而起,重建燕国,定都于邺,史称“后燕”;羌酋姚苌也在渭北叛乱,385年擒杀苻坚,次年在长安称帝,国号秦,史称“后秦”。前秦崩溃后,北方再次陷入分裂。

刘裕创业

刘裕是彭城人,刚生下来,母亲就死了。他的父亲刘翘客居京口(今江苏镇江市),家境贫寒,想把他扔掉。刘裕的姨母跑来把他救下,并哺乳他。刘裕长大后,异常勇武健壮,还胸怀大志。他识字不多,依靠贩卖鞋子维持生计,又爱好樗蒲(chū pú)这种赌博游戏,被同村的人轻视。东晋安帝隆安三年(399),孙恩占据会稽作乱,三吴的八郡都被他攻占。镇北将军刘牢之发兵征讨孙恩,征召刘裕来参谋军务,攻打孙恩,并将他们打得大败。此后,在追剿孙恩、卢循的历次战斗中，刘裕屡建奇功，成为孙恩军队的克星。隆安五年(401)，七月，东晋朝廷任命刘裕为下邳太守。元兴元年(402)，正月，盘踞荆州的军阀桓玄起兵讨伐执政的司马元显，兵锋直指建康。因北府兵将领刘牢之投降桓玄，同年三月，桓玄顺利攻入京师，控制了朝廷。接着，桓玄逮捕并斩杀了司马元显，贬逐会稽王司马道子到安成郡，并剥夺了刘牢之的兵权，刘牢之自杀而亡。次年，十二月，桓玄迁晋安帝于寻阳(治今江西九江市西南)，即皇帝位，建立桓楚政权。元兴三年(404)，二月，刘裕与刘毅、何无忌等起兵反抗桓玄，次月攻入建康，桓玄逃往荆州。刘裕进入建康，派遣诸将追赶桓玄，同时以刘穆之为谋主，整肃朝纲。刘裕身体力行，做出表率，威禁内外，百官们都严肃认真地奉行职守。不过十日，相沿积久的风气立马有了改观。

原文节选

1. 刘裕与何无忌同舟还京口，密谋兴复晋室。刘迈弟毅家于京口，亦与无忌谋讨玄。无忌曰："桓氏强盛，其可图乎？"毅曰："天下自有强弱；苟为失道，虽强易弱，正患事主难得耳。"无忌曰："天下草泽之中非无英雄也。"毅曰："所见唯有刘下邳。"无忌笑而不答，还以告裕，遂与毅定谋。

译文

[元兴三年(404)，二月]刘裕与何无忌同船返回京口，秘密谋划复兴晋王室。刘迈的弟弟刘毅的家就在京口，也与何无忌谋划讨伐桓玄。何无忌说："桓氏的势力强大，可以讨伐吗？"刘毅说："天下的力量自然有强弱之分；如果失去道义，虽然强盛也容易变弱，就怕领头的人难以找到。"何无忌说："天下荒野之中并不是没有英雄。"刘毅说："我所见到的英雄唯有刘裕。"何无忌笑而不答，回去后告诉了

刘裕，刘裕于是与刘毅商定讨伐桓玄的计谋。

2. 于是裕、毅、无忌、元德、仲德、昶（chǎng）及裕弟道规、任城魏咏之、高平檀凭之、琅邪诸葛长民、河内太守陇西辛扈兴、振威将军东莞童厚之，相与合谋起兵。道规为桓弘中兵参军，裕使毅就道规及昶于江北，共杀弘，据广陵；长民为刁逵参军，使长民杀逵，据历阳；元德、扈兴、厚之在建康，使之聚众攻玄为内应。刻期齐发。

译文

就这样，刘裕与刘毅、何无忌、王元德、王仲德、孟昶以及刘裕的弟弟刘道规、任城人魏咏之、高平人檀凭之、琅邪人诸葛长民、河内太守陇西人辛扈兴、振威将军东莞人童厚之等人，互相联络在一起合谋起兵。刘道规是青州刺史桓弘的中兵参军，刘裕派刘毅到江北与刘道规、孟昶会合，让他们一起刺杀桓弘，占领广陵；诸葛长民是刁逵的参军，刘裕派诸葛长民刺杀刁逵，占领历阳（治今安徽和县）；王元德、辛扈兴、童厚之在建康，刘裕让他们聚集部众攻打桓玄作为内应。以上三路人马，到约定的时间一起行动。

3. 乙卯，裕托以游猎，与无忌收合徒众，得百余人。丙辰，诘旦，京口城开，无忌着传诏服，称敕使，居前，徒众随之齐入，即斩桓脩以徇。脩司马刁弘帅文武佐吏来赴，裕登城，谓之曰："郭江州已奉乘舆返正于寻阳，我等并被密诏，诛除逆党，今日贼玄之首已当枭于大航矣。诸君非大晋之臣乎，今来欲何为！"弘等信之，收众而退。

译文

二十七日，刘裕以打猎为名，与何无忌召集部众，得一百多人。

二十八日，清晨，京口城门打开，何无忌身穿传达皇帝诏令的衣服，声称是传诏使者，走在前列，勇士们跟着他进入京口城，立即杀了桓脩示众。桓脩的司马刁弘，率领文武官员赶来，刘裕登上城楼，对刁弘说："江州刺史郭昶之已经在寻阳拥护皇帝复位了，我们都是奉密诏来铲除逆党的，今天，伪皇帝桓玄的头已经在建康南门前、朱雀桥下被砍掉了。诸位难道不是我大晋的臣子吗？现在赶来想干什么呀！"刁弘等人相信了刘裕的话，带领众人退走了。

4. 孟昶劝桓弘其日出猎。天未明，开门出猎人；昶与刘毅、刘道规帅壮士数十人直入，弘方啖(dàn)粥，即斩之。因收众济江。裕使毅诛刁弘。

译文

孟昶劝桓弘在约定的日期外出打猎。这天，天还没亮，桓弘的府上打开大门放出猎人；孟昶与刘毅、刘道规率领几十名壮士直接入内，桓弘正在喝粥，当即被杀。接着刘毅等人集合军队渡江。刘裕指使刘毅杀了刁弘。

5. 众推刘裕为盟主，总督徐州事，以孟昶为长史，守京口，檀凭之为司马。彭城人应募者，裕悉使郡主簿刘钟统之。丁巳，裕帅二州之众千七百人，军于竹里，移檄远近，声言益州刺史毛璩(qú)已定荆楚，江州刺史郭昶之奉迎主上返正于寻阳，镇北参军王元德等并帅部曲保据石头，扬武将军诸葛长民已据历阳。

译文

众人推举刘裕为盟主，统管徐州事务，以孟昶为长史，镇守京口，檀凭之担任司马。应征入伍的彭城人，刘裕全部交给郡主簿刘钟统领。二十九日，刘裕率领徐州、青州的部众一千七百人，驻扎在竹里（在今江苏省句容市北、长江南岸），并向远近各地发布檄文，声称益州刺史毛璩已经平定了荆楚，江州刺史郭昶之在寻阳奉迎主上复位，镇北参军王元德等人率部占据了石头城，扬武将军诸葛长民已经占领了历阳。

6. 三月，戊午朔，裕军与吴甫之遇于江乘。将战，龄石言于裕曰："龄石世受桓氏厚恩，不欲以兵刃相向，乞在军后。"裕义而许之。甫之，玄骁将也，其兵甚锐。裕手执长刀，大呼以冲之，众皆披靡，即斩甫之，进至罗落桥。皇甫敷帅数千人逆战，宁远将军檀凭之败死。裕进战弥厉，敷围之数重，裕倚大树挺战。敷曰："汝欲作何死！"拔戟将刺之，裕瞋目叱之，敷辟易。裕党俄至，射敷中额而踣（bó），裕援刀直进。敷曰："君有天命，以子孙为托。"裕斩之，厚抚其孤。裕以檀凭之所领兵配参军檀祗。祗，凭之之从子也。

译文

三月，初一，刘裕的起义军与桓玄的部下吴甫之在江乘县（今江苏省句容市北）相遇。将要开战，朱龄石对刘裕说："我朱龄石家几代蒙受桓氏的厚恩，不想与桓家兵刃相见，请安排我在后卫部队。"刘裕认为他仗义，就同意了。吴甫之是桓玄手下的勇将，他的军队战斗力很强。刘裕手执长刀，大声呼喊着冲向前，敌军全部溃散，于是杀了吴甫之，到了罗落桥（在今江苏南京市东北长江南岸）。皇甫敷率领几千人迎战，刘裕的宁远将军檀凭之战败而死。刘裕越战越勇，皇甫敷的军队把他围了几圈，刘裕背靠着大树迎战。皇甫敷说："你想怎样死！"拔戟就要击杀刘裕，刘裕怒目呵斥他，皇甫敷急忙后退躲避。刘裕的部下迅速赶来，射中了皇甫敷的前额，皇甫敷倒地，刘裕持刀冲上前。皇甫敷说:“你有上天佑护,我将子孙托付给您。”刘裕杀了皇甫敷,用丰厚的待遇安抚了他的子女。刘裕把檀凭之率领的兵士交给参军檀祗。檀祗,是檀凭之的侄儿。

7.已未,裕军食毕,悉弃其余粮,进至覆舟山东,使羸弱登山,张旗帜为疑兵,数道并前,布满山谷。玄侦候者还,云:“裕军四塞,不知多少。”玄益忧恐,遣武卫将军庾赜(zé)之帅精卒副援诸军。谦等士卒多北府人,素畏伏裕,莫有斗志。裕与刘毅等分为数队,进突谦陈;裕以身先之,将士皆殊死战,无不一当百,呼声动天地。时东北风急,因纵火焚之,烟炎熛(biāo)天,鼓噪之音震动京邑,谦等诸军大溃。

译文

初二,刘裕的部队吃完饭,把剩下的粮食全都扔了,进军到覆舟山以东。刘裕派瘦弱的士兵登上覆舟山,在山上插上旗帜作为疑兵,插旗的士兵分多路并行前进,兵士布满山谷。桓玄的侦探兵回去报告说:“刘裕的军队四面八方都是,不知有多少人。”桓玄更加忧虑恐惧,派武卫将军庾赜之率领精兵增援各军。桓谦等人的士兵多数是刘牢之的北府军,这些人素来敬畏刘裕,所以没有斗志。刘裕和刘毅等人分为几队,冲击桓谦的阵地;刘裕身先士卒,将士们都拼死战斗,无不以一当百,呼喊声惊天动地。当时,正猛烈地刮着东北风,义军于是顺风纵火焚烧敌人,浓烟烈焰弥漫天际,战鼓与喊杀声震动京城,桓谦等人的军队大败。

8.玄时虽遣军拒裕,而走意已决,潜使领军将军殷仲文具舟于石头;闻谦等败,帅亲信数千人,声言赴战,遂将其子升、兄子濬出南掖门。遇前相国参军胡藩,执马鞚(kōng)谏曰:“今羽林射手犹有八百,皆是义故,西人受累世之恩,不驱令一战,一旦舍此,欲安之乎!”

玄不对，但举策指天；因鞭马而走，西趋石头，与仲文等浮江南走。经日不食，左右进粗饭，玄咽不能下。升抱其胸而抚之，玄悲不自胜。

译文

桓玄虽然派出军队抵抗刘裕，但他已经打定主意离开建康，于是，暗中派领军将军殷仲文在石头城准备好了船只；当他听说桓谦等人战败，立即带着几千名亲信，以赴战为名，带着他的儿子桓升、侄儿桓濬出了南掖门。路上遇到了前任相国府参军胡藩，胡藩手拿着马笼头劝阻道："现在还有八百羽林军射手，这些人全都是荆州的旧人，世代受桓氏的厚恩，不驱使他们拼一死战，一旦离开建康，还想到哪里去呢！"桓玄没有回答，只是举起马鞭指了指蓝天，然后用鞭策马向西奔石头城去了，与殷仲文等人沿着长江向南逃去。桓玄一天都没有进食，他的随从端来糙米饭，桓玄咽不下。桓升抱着父亲的胸抚慰他，桓玄悲痛到自己不能承受的地步。

导读

在北方战乱绵延的时候，江左尚能勉强维持初安的局面。只是，在东晋近百年的历史里，也曾经几度风雨飘摇，极其动荡不安。究其缘由，乃是因为皇权衰微，豪门世族把持政柄，这也是魏晋南北朝门阀政治的典型特征。东晋立国之初，晋元帝司马睿倚重琅邪王氏，任王导为丞相，又以王导的堂兄王敦执掌军政，时人称"王与马，共天下"。东晋在军力上外重内轻，强兵猛将多聚于地方方镇，而尤以荆州最为重要。荆州居形胜之地，扼控上游，是国家的西大门。在南北分裂、对峙的形势下，其战略地位是不言而喻的，故东晋政权历来有"重荆州"之举，从而使荆州成为"兵强财富，地逼势危"的强藩。虽然对拱卫东晋政权发挥了重要的作用，但也多次"称兵跋扈"，对建康朝廷构成严重的威胁。镇守荆州的王敦,就因晋元帝抑制王氏的权势,于永昌元年(322),举兵向阙,攻陷建康。晋元帝因此忧愤而死,后王敦也因病离世,篡逆才没有得逞,史称王敦之乱。王敦之后,陶侃、庾亮、庾翼相继出任荆州刺史,和建康朝廷倒也相安无事。尤其是陶侃,在晋成帝咸和二年(327),庾亮以外戚身份辅政,引发苏峻、祖约之乱;陶侃与温峤发兵勤王,平息了叛乱,使东晋政局转危为安。桓温继庾翼执掌荆州后,于晋穆帝永和三年(347),溯江而上,灭了占据巴蜀的成汉政权;又于354—369年间三次北伐,收复了部分失地,可惜得而复失。桓温晚年专制,擅行废立,废皇帝司马奕为东海王,拥立司马昱为简文帝,没来得及加"九锡"就病死了。桓温死后,其弟桓冲接掌兵权,桓冲颇有公忠之心,桓氏与陈郡谢氏和衷共济,在383年,打败了前秦的进攻,使东晋危而复安。谢安是东晋名相,他鉴于中央军力羸弱,命其侄儿谢玄在广陵和京口招募北方流民,组建了一支颇具战斗力的军队。因京口又名北府,故称北府兵,从中涌现出刘牢之、刘裕等骁将,对晋末和南朝的政治走向产生了重要影响。

隆安三年(399),桓温嗣子桓玄夺据荆州,于元兴元年(402),起兵讨伐执政的司马元显。司马元显因部将刘牢之叛变而兵败被杀,桓玄入掌朝政。元兴二年(403),桓玄代晋称帝,建立桓楚。元兴三年(404),靠镇压孙恩、卢循起义起家的北府兵将领刘裕,同刘毅、何无忌等起兵攻灭桓楚,迎晋安帝复位。经桓玄之乱后,晋室仅存一线。刘裕执政后,安抚百姓,重立纲纪;西平谯蜀,北灭南燕和后秦,天下归心,遂于420年,废晋恭帝自立,国号宋,史称"刘宋",是为南朝的开始。《资治通鉴》以该年作为宋纪的开端,接续晋纪来记事。此后,北朝各朝的记事都统括在宋、齐、梁、陈各纪中,直到开皇九年(589),隋灭陈朝为止。

六、齐纪

魏孝文帝改革

齐武帝永明十一年(493),北魏孝文帝因为平城气候寒冷,夏季还在下雪,而且经常狂风大作,飞沙漫天,所以,准备把京都迁到洛阳。但他担心文武官员不同意,于是,提议大规模进攻南齐,打算以这种名义胁迫众臣。在明堂左边的偏殿斋戒之后,孝文帝让太常卿王谌占卜,得了个“革卦”。孝文帝乘机发挥,认为“汤、武革命,应乎天而顺乎人”,没有比这更吉祥的了。随后,他又向任城王拓跋澄剖明心迹,争取到了拓跋澄的支持。七月,孝文帝率步、骑兵三十多万从平城出发,扬言南征,九月抵达洛阳。在此期间,连绵的大雨一直没有停过,众人疲惫不堪。在洛阳休整数日后,孝文帝下令继续向南进发;各文武官员都不愿前行,他们拦住孝文帝的马头,不断叩拜,请求取消南伐。孝文帝于是顺势提出迁都洛阳的要求,大臣们一致同意,北魏的迁都大计于是确定了下来。孝文帝派遣任城王拓跋澄返回平城,向留守在那里的官员宣布迁都的情况,十月,把眷属正式接到了洛阳。迁都之后,孝文帝又变革旧的风俗习惯,禁止士大夫与民众穿胡服,禁止使用鲜卑语,全部改用汉语;改易鲜卑姓氏为汉姓,王族拓跋氏改姓为“元”。但改革阻力不小,就连太子元恂都经常想回到北方去,他常常私下里穿着胡服,甚至准备叛逃到平城,后被废黜为庶人。

原文节选

1. 魏主自发平城至洛阳，霖雨不止。丙子，诏诸军前发。丁丑，帝戎服，执鞭乘马而出。群臣稽颡(qǐ sǎng)于马前。帝曰："庙算已定，大军将进，诸公更欲何云?"尚书李冲等曰："今者之举，天下所不愿，唯陛下欲之；臣不知陛下独行，竟何之也！臣等有其意而无其辞，敢以死请！"帝大怒曰："吾方经营天下，期于混壹，而卿等儒生，屡疑大计；斧钺有常，卿勿复言！"策马将出。于是安定王休等并殷勤泣谏。帝乃谕群臣曰："今者兴发不小，动而无成，何以示后！朕世居幽朔，欲南迁中土；苟不南伐，当迁都于此，王公以为何如？欲迁者左，不欲者右。"南安王桢进曰："'成大功者不谋于众。'今陛下苟辍南伐之谋，迁都洛邑，此臣等之愿，苍生之幸也。"群臣皆呼万岁。时旧人虽不愿内徙，而惮于南伐，无敢言者，遂定迁都之计。

译文

魏国君主自从由平城出发至到达洛阳，一路上久雨不停。二十八日，下令各路大军继续向南进发。二十九日，魏国君主身穿戎装，手持马鞭，骑马出发。文武官员在马前叩拜不止。魏国君主说："朝廷的大计都已经筹划好了，大军要继续前进，你们还想要说什么呢？"尚书李冲等人说："现在的行动，全天下人都不愿意，就陛下您一个人想做；臣不知道陛下一个人，究竟想要到哪里去！臣等有意见而不知该怎么说，只好冒死向陛下请求。"魏国君主大怒，说："我正要统治天下，希望天下一统，而你们这些儒生多次阻挠我的大计；杀人用的斧钺可不是摆设，你们不要再说了！"说完，策马又要走。见此情形，安定王拓跋休等人都流着泪苦苦劝谏。魏国君主于是告诉他们说："此次行动，动作规模可不小，出动却没有什么成就，将来让后人怎么看？

朕世代居住在北方，想要南迁到中原一带；如果我们不南伐，就把京都迁到这里，你们认为怎么样？同意迁都的人站在左边，不同意迁都的人站在右边。”南安王拓跋桢上前说：“干成大事业的人，并不征求众人的意见。如今，陛下如果放弃南征的计划，迁都到洛邑是我们所愿意的，也是老百姓的福气。”文武百官都高呼万岁。当时，与王室同起于北方的旧族虽然不愿意迁徙到中原，但是又害怕南征，没有人敢说什么，迁都大计于是确定了下来。

2. 乃遣任城王澄还平城，谕留司百官以迁都之事，曰：“今日真所谓革也。王其勉之！”

译文

于是，派遣任城王拓跋澄返回平城，向留守在那里的官员宣布迁都之事，说：“今天才是真正的‘革’。各位王爷好好努力！”

3. 乙未，魏解严，设坛于滑台城东，告行庙以迁都之意。大赦。起滑台宫。任城王澄至平城，众始闻迁都，莫不惊骇。澄援引古今，徐以晓之，众乃开伏。澄还报于滑台。魏主喜曰：“非任城，朕事不成。”

译文

十八日，北魏境内解除戒严，在滑台城东筑祭台，把迁都的意思祭告随行供奉的神主。大赦境内。兴筑滑台宫。任城王拓跋澄回到平城，大家才听到迁都之事，没有谁不感到震惊的。拓跋澄援引古事以证今事，慢慢地晓以大义，大家才明白而顺伏。拓跋澄回到滑台报告。魏国君主高兴地说：“没有任城王，朕迁都的事就办不成。”

4. 乙巳，魏主遣安定王休帅从官迎家于平城。

译文

二十八日，魏国君主派安定王拓跋休率领侍从官员，到平城迎接家眷。

5. 魏主欲变易旧风，壬寅，诏禁士民胡服。国人多不悦。

译文

[齐明帝建武元年(494)，十二月]魏国君主想改变旧有的风俗，初二，下诏禁止士大夫与民众穿胡服。鲜卑旧族大多不乐意。

6. 帝曰："夫'名不正，言不顺，则礼乐不可兴'，今欲断诸北语，一从正音。其年三十已上，习性已久，容不可猝革。三十已下，见在朝廷之人，语音不听仍旧；若有故为，当加降黜。各宜深戒！"

译文

[建武二年(495)，五月]皇帝说："所谓'名不正就言不顺，那么礼乐就不可兴'，现今朕想要禁止使用鲜卑语，全部改用汉语。年龄在三十岁以上的人，由于习性已久，宽容他们不能立刻改过来。但是，年龄在三十岁以下的人，凡在朝廷中任职者，不允许照旧说鲜卑语；如果有故意说鲜卑语言的，要降免他的官职。各位应当深加警戒！"

7. 魏主下诏，以为："北人谓土为拓，后为跋。魏之先出于黄帝，以土德王，故为拓跋氏。夫土者，黄中之色，万物之元也；宜改姓元氏。诸功臣旧族自代来者,姓或重复,皆改之。”于是始改拔拔氏为长孙氏、达奚氏为奚氏、乙旃氏为叔孙氏、丘穆陵氏为穆氏、步六孤氏为陆氏、贺赖氏为贺氏、独孤氏为刘氏、贺楼氏为楼氏、勿忸于氏为于氏、尉迟氏为尉氏;其余所改,不可胜纪。

译文

[建武三年(496),正月]魏国君主下诏说:“北方人称土为拓,称后为跋。大魏的祖先出自黄帝,以土德而称帝,所以叫作拓跋氏。土,是黄中之色,是万物的根源;所以应该改姓为‘元’。诸位功臣旧族中凡从代郡迁来的,其姓氏有的重复,都要改。”于是,开始改拔拔氏为长孙氏、达奚氏为奚氏、乙旃氏为叔孙氏、丘穆陵氏为穆氏、步六孤氏为陆氏、贺赖氏为贺氏、独孤氏为刘氏、贺楼氏为楼氏、勿忸于氏为于氏、尉迟氏为尉氏;其余所改姓氏,不能全记下来。

导读

魏晋南北朝是民族大分裂时期,也是民族大融合时期。淝水之战后,北方的民族大分裂和大融合向纵深发展。此时,匈奴、羯、氐等族都已走向衰微,后期唱主角的是鲜卑人。鲜卑族源自东胡,原来生活在大兴安岭一带,在北匈奴西迁之后,逐渐占据了蒙古草原,后分裂成东部鲜卑(含段部、宇文部和慕容部)、北部鲜卑(即拓跋部)和西部鲜卑[含乞伏部(即陇西鲜卑)、秃发部(为拓跋部分支)、吐谷(yù)浑部(为慕容部分支)],各自独立发展,在十六国时期先后建立了十余个国家。北魏为北部鲜卑即鲜卑拓跋部所建。鲜卑拓跋部有确切的纪年,它开始于拓跋力微,时当曹魏初年;永嘉之乱时,其首领拓跋猗卢接受晋朝封号,称代王,数传至拓跋什翼犍,376 年代国为前秦所灭。淝水之战后，拓跋什翼犍之孙拓跋珪招抚离散的部人，于386年，重建代国，后改国号为“魏”，史称“北魏”。北魏立国之初，四周强敌环伺，拓跋珪击败高车、库莫奚、刘库仁部、刘卫辰部等强邻，又于395年，在参合陂大败后燕，攻占并州，进据燕都中山（治今河北定州）；398年迁都平城，称帝，是为太祖道武皇帝。到423年，世祖太武皇帝拓跋焘即位时，关中的后秦已在417年被刘裕消灭；刘裕东返后，匈奴铁弗部的赫连勃勃乘机南下关中，占领长安，建立“胡夏”政权；而后燕自中山被北魏攻占后，一分为二，都于龙城（今辽宁朝阳市）的后燕于407年被冯氏北燕所取代，而占据青、兖之地的南燕覆亡于410年刘裕北伐之时。北魏太武帝继位后，展开凌厉的攻势，先后攻灭了胡夏、北燕及盘踞汉中的仇池、河西的北凉，并于439年，结束了十六国的混乱状态，统一了北方，与南朝宋国形成对峙局面，是为北朝的开始。太武帝四传至孝文帝拓跋宏，于493年，将都城从平城迁到洛阳，用夏变夷，大力推行汉化，改汉姓（其王室拓跋氏改姓为“元”，故北魏亦称元魏）、说汉语、着汉服等举措，促进了民族间的融合，为隋唐时期的统一和繁荣准备了条件。

七、梁纪

元魏式微

515年，北魏宣武帝驾崩，太子元诩继位，是为孝明帝，因为年幼，其母胡太后临朝称制。胡太后聪明机智，一切政务都亲手处理，因为喜好佛教，没完没了地修建各种寺庙，以致国库渐渐空虚，百姓财力匮乏，疲惫不堪。520年，胡太后被侍中、领军将军元叉等幽禁。元叉得势后，贪财纳贿，使朝纲败坏，百姓贫困窘迫，人人都想造反。523年，破六韩拔陵在沃野镇(今内蒙古五原东北)聚众起事，“六镇起义”正式爆发，北魏从此陷入了严重的统治危机。525年，胡太后复出，再度临朝听政，自此宠臣用事，政事松弛，朝廷没有威信，盗贼纷起，边界日益缩小。孝明帝渐渐长大，胡太后因为自己行为的不检点，竭力闭塞孝明帝的视听，致使母子之间的隔阂越来越深。孝明帝讨厌太后的宠臣郑俨、徐纥等人，想将其铲除，就秘密下诏命秀容川酋长尔朱荣发兵至京城，想以此胁迫胡太后。尔朱荣以高欢为前锋，部队行至上党(治今山西长治市北古城)，孝明帝又下密诏制止了尔朱荣。528年二月，郑俨、徐纥与胡太后密谋毒死了孝明帝，立三岁的元钊为帝。尔朱荣得知此事，大怒，举兵向阙。三月，尔朱荣等渡过黄河，立长乐王元子攸为帝，自己担任了侍中、都督中外诸军事等职，并封为太原王。把守河梁的郑先护和郑季明打开城门迎接尔朱荣等人入城，李神轨逃回洛阳，费穆丢下军队投降，胡太后只好削发出家。文武百官捧着皇帝的印玺、绶带，从河桥迎回了魏孝庄帝。尔朱荣派骑兵抓获了胡太后和小皇帝，把两人沉入黄河，并诛杀朝臣两千多人，史称“河阴之变”。

原文节选

1. 魏灵太后再临朝以来，嬖（bì）幸用事，政事纵弛，恩威不立，盗贼蜂起，封疆日蹙。魏肃宗年浸长，太后自以所为不谨，恐左右闻之于帝，凡帝所爱信者，太后辄以事去之，务为壅（yōng）蔽，不使帝知外事。通直散骑常侍昌黎谷士恢有宠于帝，使领左右；太后屡讽之，欲用为州，士恢怀宠，不愿出外，太后乃诬以罪而杀之。有蜜多道人，能胡语，帝常置左右，太后使人杀之于城南而悬赏购贼。由是母子之间，嫌隙日深。

译文

北魏胡太后重新临朝听政后，受宠小人掌权，政事混乱，朝廷的恩信威仪无法施及各地，盗贼纷起，北魏的领土日益缩小。孝明帝渐渐长大，胡太后也觉得自己行为不够检点，担心左右报告给皇帝，因此，凡是孝明帝所宠信的人，太后就借事由加以剪除，竭力堵塞住孝明帝的视听，不让他知道外面的事情。通直散骑常侍、昌黎人谷士恢深受孝明帝的宠爱，命他统领宫中卫士；胡太后多次向孝明帝暗示，想任用他为地方官，但谷士恢眷恋孝明帝的宠信，不愿外放，胡太后便诬告他犯了罪，并将他杀了。有一个密多道人，能说西域少数民族语言，孝明帝经常把他带在身边，胡太后派人在城南杀了他，还假装悬赏缉拿罪犯。从此，胡太后和孝明帝母子之间的隔阂越来越深。

2. 魏肃宗亦恶俨、纥等，逼于太后，不能去，密诏荣举兵内向，欲以胁太后。荣以高欢为前锋，行至上党，帝复以私诏止之。俨、纥恐祸及己，阴与太后谋鸩帝。癸丑，帝暴殂。甲寅，太后立皇女为帝，大赦。既而下诏称："潘充华本实生女。故临洮王宝晖世子钊，体自高祖，宜膺大宝。百官文武加二阶，宿卫加三阶。"乙卯，钊即位。钊始生三岁，太后欲久专政，故贪其幼而立之。

译文

北魏孝明帝也讨厌郑俨、徐纥等人，逼迫胡太后除掉他们，但没能成功，就秘密下诏书，命令尔朱荣发兵至京城，想以此胁迫胡太后。尔朱荣任命高欢为前锋，部队行至上党，孝明帝又下密诏制止了尔朱荣。郑俨、徐纥担心灾祸将要降临到自己身上，便暗中与胡太后密谋用毒酒毒死孝明帝。[梁武帝大通二年(528)，二月]二十五日，孝明帝突然去世。二十六日，胡太后立孝明帝的女儿为皇帝，大赦天下。不久又下诏书说："孝明帝潘嫔实际上生的是女儿。原来的临洮王元宝晖的世子元钊，是高祖的嫡系后代，应该继承皇位。即位之日，文武百官各进二级官位，宿卫进三级官位。"二十七日，元钊即位。元钊才刚刚三岁，胡太后想长久地独揽大权，所以看中了元钊年纪小才立他为帝。

3. 尔朱荣闻之，大怒，谓元天穆曰："主上晏驾，春秋十九，海内犹谓之幼君；况今奉未言之儿以临天下，欲求治安，其可得乎！吾欲帅铁骑赴哀山陵，翦除奸佞，更立长君，何如？"天穆曰："此伊、霍复见于今矣。"

译文

尔朱荣听说这一消息，大怒，对元天穆说："皇上去世时，已十九岁了,而天下仍称他为小皇帝;何况现在立一个还不会说话的幼儿来统治天下,想要求得长治久安,怎么可能呢?我打算率铁骑奔赴京城哀悼皇帝,除掉奸佞之人,重新立一位年长的皇帝,怎么样?”元天穆说:“你这样真是当代的伊尹、霍光啊!”

4. 荣至河内,复遣王相密至洛,迎长乐王子攸。夏,四月,丙申,子攸与兄彭城王劭、弟霸城公子正潜自高渚渡河,丁酉,会荣于河阳,将士咸称万岁。戊戌,济河,子攸即帝位,以劭为无上王,子正为始平王;以荣为侍中、都督中外诸军事、大将军、尚书令、领军将军、领左右,封太原王。

译文

(三月)尔朱荣率军来到河内,又派王相秘密到洛阳城迎接长乐王元子攸。夏季,四月,初九,元子攸与他的哥哥彭城王元劭、弟弟霸城公元子正偷偷从高渚(在今河南孟津县东)渡过黄河,初十,在河阳(治今河南孟州市西北故北中城)跟尔朱荣会合,将士们见了元子攸都高呼万岁。十一日,部队渡过黄河,元子攸即皇帝位,封元劭为无上王,封元子正为始平王;任命尔朱荣为侍中、都督中外诸军事、大将军、尚书令、领军将军、领左右,并封为太原王。

5. 郑先护素与敬宗善,闻帝即位,与郑季明开城纳之。李神轨至河桥,闻北中不守,即遁还;费穆弃众先降于荣。徐纥矫诏夜开殿门,取骅骝厩御马十匹,东奔兖州,郑俨亦走还乡里。太后尽召肃宗后宫,皆令出家,太后亦自落发。荣召百官迎车驾,己亥,百官奉玺绶,备法驾,迎敬宗于河桥。庚子,荣遣骑执太后及幼主,送至河阴。太后对荣多所陈说,荣拂衣而起,沉太后及幼主于河。

译文

郑先护素来与孝庄帝元子攸关系亲密,听闻元子攸已即位做了皇帝,便与郑季明打开城门迎接尔朱荣等人。李神轨来到河桥,听说北中城已失守,便立即逃回了洛阳;费穆丢下军队自己先投降了尔朱荣。徐纥假托胡太后的诏令在夜里打开宫殿大门,牵出骅骝厩中的御马十匹,向东逃奔兖州去了,郑俨也逃回了老家。胡太后将孝明帝的后宫嫔妃召集起来,命令她们全部出家为尼,太后自己也削了发。尔朱荣召集文武百官迎接圣驾,十二日,文武百官献上玉玺、绶带,准备了车辇,从河桥迎回魏孝庄帝。十三日,尔朱荣派骑兵抓获了胡太后和她立的儿皇帝,将他们送到了河阴。胡太后对尔朱荣讲了许多话,尔朱荣拂袖而起,命人将胡太后和儿皇帝沉入黄河之中。

6.乃请帝循河西至淘渚,引百官于行宫西北,云欲祭天。百官既集,列胡骑围之,责以天下丧乱,肃宗暴崩,皆由朝臣贪虐,不能匡弼,因纵兵杀之,自丞相高阳王雍、司空元钦、仪同三司义阳王略以下,死者二千余人。

译文

尔朱荣于是请孝庄帝沿黄河向西来到淘渚(北魏河阳县西南十三里古遮马堤),并率领文武百官来到皇帝行宫的西北,说是要祭天。文武百官到齐之后,尔朱荣便布置骑兵包围了他们,指责他们说,天下混乱,孝明帝突然驾崩,都是由于他们这些朝廷大臣贪婪无忌,不能匡正时政所致,因此命令部众诛杀了他们。从丞相高阳王元雍、司空元钦、仪同三司义阳王元略以下,死了两千多人。

导读

孝文帝的改革对北魏后期的政治产生了深刻的影响，一方面它确实推动了北魏的发展，另一方面却也为北魏的灭亡埋下了伏笔。北魏初期，为防御北方游牧民族——柔然的入侵，在都城平城以北边境，即今内蒙古河套地区以东、阴山山脉以南地区，自西向东依次设置了沃野、怀朔(今内蒙古固阳西南)、武川(今内蒙古武川西东土城)、抚冥(今内蒙古四子王旗东南土城子)、柔玄(今内蒙古兴和台基庙东北)、怀荒(今河北张北)等军镇，统称"北镇"或"六镇"。这种集地方军事组织与行政统治方式于一体的军镇，在北魏前期政治中，占据相当重要的地位。但到孝文帝时，柔然因高车的崛起而将战略重心转向经营西域，与北魏转为以友好通和为主，北魏的北方防务因此也随之松弛；迁都洛阳后，北魏的战略重心更加专注于经营中原，北镇的战略地位明显下降，在经营管理上已大不如前。加之孝文帝大张旗鼓地进行汉化改革，在北魏政权中心的近洛地区虽然取得了很大的成效，然而在北镇地区，效果并不明显。鲜卑传统旧俗在这些地区依然占据着主导地位，甚至包括汉族在内的其他各族人民反而出现了明显鲜卑化的倾向，从而形成了所谓"六镇鲜卑"，同"近洛鲜卑"处于明显的对立状态。这种朝野的分裂，动摇了北魏的统治根基。正光四年(523)，六镇起义爆发，标志着北魏已经陷入严重的统治危机，国家的土崩瓦解则在胡太后再度临朝之后。据说，北魏原有的"子贵母死"的旧制，导致妃嫔们都不愿意生儿子，因为儿子一旦立为太子，做母亲的就要被处死。胡氏却天天祈祷，希望能生下一个男孩，为皇家接续香火。等到元诩被立为皇太子，宣武帝竟也没有遵照旧制将胡氏赐死，她却成了北魏的掘墓人。528 年，胡太后鸩杀孝明帝，授人以口实。于是，尔朱荣自晋阳(治今山西太原市西南古城营)起兵，发动"河阴之变"，杀胡太后、幼帝元钊及"近洛鲜卑"诸贵二千余人，控制了北魏政权。尔朱荣是位军事天才，只用了两年时间便平定了葛荣、邢杲、万俟（mò qí）丑奴等叛乱，又击败陈庆之，夺回了被梁军占去的地盘。永安三年(530)，魏孝庄帝诛杀尔朱荣，自己也被尔朱氏杀死；尔朱荣的部将高欢收编六镇降兵，消灭尔朱氏残余势力，取代尔朱氏总揽魏朝的大权。永熙三年(534)，北魏孝武帝元脩与高欢公开决裂，西奔长安，依附于关中的宇文泰，高欢只好另立元善见为帝（即孝静帝），北魏正式分裂为东魏和西魏，它们是北齐和北周的前身。后人将北魏、东魏、西魏、北齐和北周五朝统称为北朝。

侯景之乱

梁武帝太清元年(547)，正月，东魏司徒、河南大将军、大行台侯景依据河南反叛东魏，遣使上表请求归附梁朝。梁武帝在朱异的撺掇下，决定接纳侯景，并派兵前去接应。次年正月，侯景在涡（guō）水被慕容绍宗打败，仅率马步兵八百人渡过淮河，占据梁朝的寿阳城，并上表梁朝，请求革职贬官。梁武帝就让侯景担任南豫州牧，保留他原来的官职。东魏在打败侯景之后，完全恢复了原有的疆土，多次派人送交国书，再次请求与梁朝通和。朱异等人固执地主张应该与东魏和好，梁武帝也厌倦了战争，于是便同意了朱异的意见。侯景得知这个消息，很是不安，开始有了反叛之意。梁临贺王萧正德，因为贪婪残暴，不遵守法令，多次受到梁武帝的怪罪，心里对梁武帝十分愤恨。侯景派人联络萧正德，正中萧正德的下怀。同年八月，侯景以诛杀朱异等奸佞为借口，在寿阳起兵反梁。九月，侯景谎称出外巡游、打猎，率兵出了寿阳城，次月，袭占谯州（治今安徽滁州），接着进攻历阳。历阳太守庄铁献城投降，并建议侯景迅速渡过长江直捣建康。侯景于是以庄铁为向导，率兵来到长江边。梁都官尚书羊侃请求派两千人马迅速占据采石（在今安徽当涂县西北二十里），梁武帝没有听从。己酉，在萧正德的接应下，侯景的军队渡过长江，到达采石，直抵慈湖（在今安徽当涂县北），梁朝才下令实行戒严。次日，侯景军队来到板桥（今江苏南京市西南板桥镇）；又次日，抵朱雀桁（héng）南，与萧正德会合；壬子，包围了台省（中央政府）和皇宫所在地——台城（在今江苏南京市鸡鸣山南东南大学一带）。

原文节选

1. 戊戌，景反于寿阳，以诛中领军朱异、少府卿徐驎、太子右卫率陆验、制局监周石珍为名。

译文

［梁武帝太清二年（548），八月］初十，侯景在寿阳反叛。以诛杀中领军朱异、少府卿徐驎、太子右卫率陆验、制局监周石珍为借口。

2. 侯景闻台军讨之，问策于王伟，伟曰："邵陵若至，彼众我寡，必为所困。不如弃淮南，决志东向，帅轻骑直掩建康；临贺反其内，大王攻其外，天下不足定也。兵贵拙速，宜即进路。"景乃留外弟中军大都督王显贵守寿阳；癸未，诈称游猎，出寿阳，人不之觉。冬，十月，庚寅，景扬声趣合肥，而实袭谯州，助防董绍先开城降之。执刺史丰城侯泰。

译文

（九月）侯景听说萧纶率军前来讨伐他，便向王伟询问对策，王伟说："邵陵王萧纶的军队若来，他的兵马多，我们的人少，肯定会被他的军队围困。我们不如放弃淮南，义无反顾地向东进军，率轻装骑兵直袭建康；临贺王萧正德在建康内部反叛接应，大王您在建康城外进攻，天下不难平定。行军打仗贵在行动迅速，应该立即上路。”侯景于是留表弟、中军大都督王显贵镇守寿阳；二十五日，侯景谎称出外巡游、打猎，率军出了寿阳城，人们没有发觉这件事。冬季，十月，初三，侯景宣称要到合肥去，而实际上是袭击谯州。谯州助防长官董绍先打开城门，投降了侯景。侯景抓住了州刺史丰城侯萧泰。

3. 庚子，诏遣宁远将军王质帅众三千巡江防遏。景攻历阳太守庄铁，丁未，铁以城降。因说景曰：“国家承平岁久，人不习战，闻大王举兵，内外震骇，宜乘此际速趋建康，可兵不血刃而成大功。若使朝廷徐得为备，内外小安，遣羸兵千人直据采石，大王虽有精甲百万，不得济矣。”景乃留仪同三司田英、郭骆守历阳，以铁为导，引兵临江。江上镇戍相次启闻。上问讨景之策于都官尚书羊侃，侃请“以二千人急据采石，令邵陵王袭取寿阳；使景进不得前，退失巢穴，乌合之众，自然瓦解”。朱异曰：“景必无渡江之志。”遂寝其议。侃曰：“今兹败矣！”

译文

十三日，皇帝下诏派宁远将军王质统率三千人马，沿长江防卫遏抑侯景。侯景进攻历阳太守庄铁，二十日，庄铁献城投降。庄铁于是对侯景说：“国家安定了很多年，人们不熟悉战事，听说大王您起兵，朝廷内外都很震惊和害怕，应该乘此机会迅速逼近建康，可以不经过流血打仗就能成就大功。若是让朝廷有时间从容作准备，内外稍稍安定下来，只需派一千名羸弱的军队径直占据采石，大王即使有百万雄兵，也过不了长江。”侯景于是留仪同三司田英和郭骆守卫历阳，以庄铁为向导，率兵来到长江边。镇守防卫长江的官员相继依次向朝廷禀报了敌情。皇帝询问都官尚书羊侃讨伐侯景的对策，羊侃建议“派两千人马迅速占据采石，并命令邵陵王萧纶袭击、夺取寿阳，让侯景既不能前进，退又失去巢穴。他的那些乌合之众，自然就土崩瓦解了”。朱异说：“侯景肯定没有渡过长江的打算。”于是，没有采纳羊侃的建议。羊侃说：“这样一来梁朝就要败亡了。”

4. 戊申，以临贺王正德为平北将军，都督京师诸军事，屯丹杨郡。正德遣大船数十艘，诈称载荻，密以济景。

译文

二十一日，任命临贺王萧正德为平北将军、都督京师诸军事，驻军于丹杨郡（一作丹阳郡，治今安徽宣城市）。萧正德派遣了大船几十艘，谎称用来运芦荻，暗中却用来运载侯景的军队过江。

5. 己酉，自横江济于采石，有马数百匹，兵八千人。是夕，朝廷始命戒严。

译文

二十二日，侯景从横江渡过长江到达采石，仅有战马几百匹和士兵八千人。这天夜里，朝廷才下令实行戒严。

6. 景分兵袭姑孰，执淮南太守文成侯宁。南津校尉江子一帅舟师千余人，欲于下流邀景；其副董桃生，家在江北，与其徒先溃走。子一收余众，步还建康。

译文

侯景分兵袭击姑孰（在今安徽当涂），活捉了淮南太守文成侯萧宁。南津校尉江子一统率水军千余人，想在长江下流拦击侯景；他的副将董桃生，家住在长江北面，就同他的手下人率先溃败逃走。江子一收集剩下的人马，徒步回到建康。

7. 太子见事急，戎服入见上，禀受方略。上曰："此自汝事，何更问为！内外军事，悉以付汝。"太子乃停中书省，指授军事，物情惶骇，莫有应募者。朝廷犹不知临贺王正德之情，命正德屯朱雀门，宁国公大临屯新亭，大府卿韦黯屯六门，缮修宫城，为受敌之备。

译文

皇太子见形势危急，身穿战服入宫觐见皇帝，禀报时局，领受指示。皇帝说："这是你的分内事，何必来问我！朝廷内外的军政事务，全都交给你了。"太子于是进驻中书省，指挥布置军事要务，人们惊惶不安，没有谁出来响应招募出征的。朝廷这时还不知道临贺王萧正德已经叛变，仍命令萧正德驻兵把守朱雀门，命宁国公萧大临驻守新亭，命大府卿韦黯驻守六个城门，修缮皇宫城墙，为御敌作准备。

8. 己酉，景至慈湖。建康大骇，御街人更相劫掠，不复通行，赦东西冶、尚方钱署及建康系囚，以扬州刺史宣城王大器都督城内诸军事，以羊侃为军师将军副之，南浦侯推守东府，西丰公大春守石头，轻车长史谢禧、始兴太守元贞守白下，韦黯与右卫将军柳津等分守宫城诸门及朝堂。推，秀之子；大春，大临之弟；津，仲礼之父也。摄诸寺库公藏钱，聚之德阳堂，以充军实。

译文

二十二日，侯景的军队到达了慈湖。建康城内里惊恐异常，皇城御街上，人们互相抢夺掳掠，已不能通行，朝廷下令赦免了东西冶、尚方钱署以及建康城拘押的囚犯，任命扬州刺史、宣城王萧大器为都督，管理城内诸军事，任命羊侃担任军师将军，辅助萧大器。命南浦侯萧推守卫东府，命西丰公萧大春守卫石头城，命轻车长史谢禧、始兴太守元贞守卫白下，命韦黯与右卫将军柳津等人分别领兵守卫宫城的各个城门以及朝廷的殿堂。萧推，萧秀的儿子；萧大春，萧大临的弟弟；柳津，柳仲礼的父亲。朝廷又收集各官署仓库里贮藏的钱财，集中在德阳堂，用来补充军需。

9. 庚戌，侯景至板桥，遣徐思玉来求见上，实欲观城中虚实。

译文

二十三日，侯景的军队到达了板桥，他派遣徐思玉前来拜见皇帝，实际上是想窥探建康城里的虚实。

10. 百姓闻景至，竞入城，公私混乱，无复次第。羊侃区分防拟，皆以宗室间之。军人争入武库，自取器甲，所司不能禁。侃命斩数人，方止。是时，梁兴四十七年，境内无事，公卿在位及闾里士大夫罕见兵甲，贼至猝迫，公私骇震。宿将已尽，后进少年并出在外，军旅指㧑(huī)，一决于侃。侃胆力俱壮，太子深仗之。

译文

老百姓听说侯景的军队打过江来，争相逃入城里，官员与百姓混杂在一起，再也没有了秩序。羊侃布置防卫，每处都安排皇室成员来监督。军兵争相进入武器库，自己拿兵器和盔甲，主管官员不能禁止。羊侃下令斩杀了几人，才制止了这混乱。当时，梁朝已经建立四十七年，国内一直平安无事，在职的公卿百官以及闾里士大夫很少见到兵器和铠甲，现在，叛军突然来临，形势紧迫，官员与百姓都很震惊。朝廷中的老将已经没有了，后来晋升的青年将领都领兵在外，军队的指挥完全靠羊侃一人。羊侃有胆有识，皇太子十分倚仗他。

导读

从420年刘裕代晋自立，建立刘宋王朝开始，到589年，隋灭陈朝统一天下为止，在我国南方地区，朝代更迭频繁。宋、齐、梁、陈四个汉族政权前后相继，它们与北魏及其后的东魏、西魏、北齐、北周形成南北对峙的局面，统称南朝。在此四朝中，刘宋的疆域版图最大，其北部疆界一度到了黄河；享国也最久，有近六十年的历史。479年，刘宋王朝被权臣萧道成所篡夺，代之而起的就是萧齐，亦称南齐。南齐存在的时间极短，仅二十三年，其后期又走上了刘宋灭亡的老路；君主昏庸暴虐，大肆屠戮宗室，朝政混乱不堪，502年，被齐宗室所属的萧衍所篡夺。萧衍建立的梁朝（史称“萧梁”或“南梁”），其经济文化十分发达，在南朝各朝中首屈一指。梁武帝萧衍活了八十六岁，在位时间长达四十八年，其前期还是颇有作为的，但晚年信佛，四次舍身同泰寺，精研佛理，无暇顾及朝政，朱异等佞臣当道，朝政昏暗，这才有了侯景之乱的发生。侯景狼奔豕突，所过无不破灭，但是他以区区八千兵力，在短短五天之内（从十月丁未日接受历阳太守庄铁建议，到壬子日包围台城，只有五天），就攻到了台城，不能不说这是军事史上的奇迹！

《老子》说：“以正治国，以奇用兵，以无事取天下。”打仗就讲究出奇制胜，四平八稳，难见其功。但是侯景围攻台城并不顺利，直到次年（549）的三月，才攻入台城，占领建康全城，控制了梁朝军政大权。由于梁武帝拒绝合作，被侯景断绝供应，活活饿死在台城。在侯景久攻台城不下之际，梁武帝的第七子湘东王萧绎从江陵起兵，其他诸王也各拥重兵，但他们并不增援建康，反而自相残杀。直等到消灭了其他政敌,梁武帝已经饿死在台城。简文帝萧纲被侯景弑杀,侯景篡位自立之后,萧绎才挥师东下,于承圣元年(552),平定了叛乱。同年,萧绎在江陵(今湖北荆州市荆州区)登基称帝,是为梁元帝。但当时梁州、益州及襄阳都已经被西魏控制,江陵三面环敌,很不合适做都城。承圣三年(554),江陵被西魏军攻破,梁元帝萧绎被俘遇害。次年,其子萧方智在建康重建梁政权,但实权落入陈霸先手中。太平二年(557),陈霸先废梁敬帝萧方智自立,建立陈朝。经过侯景之乱,南朝由盛转衰,陈朝只控制了江陵以东、长江以南的狭小国土,国势孱弱,589 年为隋所灭。

八、隋纪

隋灭南陈

589年，正月乙丑（初一），隋将贺若弼率军从广陵渡过长江，揭开了隋灭南陈的大幕；韩擒虎也率军从横江浦夜渡长江，攻占采石；晋王杨广统帅大军，驻扎在六合镇桃叶山。陈后主接到报告后，召集公卿大臣进宫商议军务事宜，部署萧摩诃、樊毅、鲁广达等人展开阻击，并颁下重赏，征发僧、尼、道士等出家人服役。庚午（初六），贺若弼率军攻克京口；辛未（初七），韩擒虎部队攻克姑孰。就这样，贺若弼率军从北道，韩擒虎率军从南道，齐头并进。陈朝沿江的镇戍守军望风尽逃；贺若弼分兵占领曲阿（治今江苏丹阳市），切断了陈朝援军的通道，自率主力进逼建康。同日，贺若弼率军进据钟山（今江苏南京市中山门外紫金山），驻扎在白土冈（在今南京市东，钟山南麓）的东面。晋王杨广派遣总管杜彦和韩擒虎合军，步骑共两万人驻扎在新林（在今江苏南京市西南）。隋蕲州总管王世积率水军出九江，在蕲口击败陈将纪瑱，陈朝人大为惊恐，投降的人接连不断。当时，建康城还有军队十余万人，但是陈后主素来胆怯懦弱，又不懂军事，只是日夜哭泣，台城内所有军国大事，全都交给施文庆处置。施文庆知道众将领都痛恨自己，唯恐他们有功，将帅们凡是有所启奏请求，大多未获批准。甲申（二十日），贺若弼的部众在白土冈击溃任忠、樊毅、孔范、萧摩诃等人的联军。韩擒虎从新林进军，任忠率领部下数骑在石子冈(在今江苏南京市南)投降,并带领韩擒虎的军队径直进入朱雀门,陈军全都逃散。陈后主跳到井中躲藏,被俘,陈朝灭亡。

原文节选

1. 是日,贺若弼自广陵引兵济江。先是,弼以老马多买陈船而匿之,买弊船五六十艘,置于渎内。陈人觇(chān)之,以为内国无船。弼又请缘江防人每交代之际,必集广陵,于是大列旗帜,营幕被野,陈人以为隋兵大至,急发兵为备,既知防人交代,其众复散;后以为常,不复设备。又使兵缘江时猎,人马喧噪。故弼之济江,陈人不觉。韩擒虎将五百人自横江宵济采石,守者皆醉,遂克之。晋王广帅大军屯六合镇桃叶山。

译文

[隋文帝开皇九年(589),正月,初一]这一天,隋将贺若弼率军从广陵渡过长江。先前,贺若弼卖掉军中老马,购买了许多陈朝的船只藏匿起来,然后又买了五六十艘破船,停泊在小河入江处。陈朝派人侦察后,误以为隋朝没有可以渡江的船只。贺若弼又让沿江驻防的部队每当轮换交接时,都一定要到广陵集中。每当这时,隋军大张旗帜,营帐遍布原野,最初陈朝以为隋军大至,急忙发兵加强戒备,当知道是隋朝军换防交接,就解散了聚集的军队;后来陈朝对此习以为常,就不再防备。贺若弼又经常派军队沿江打猎,人马喧哗鼓噪。所以贺若弼这次渡江,陈朝守军没有发觉。韩擒虎也率领五百人从横江浦夜渡采石,陈朝守军全都喝醉了酒,隋军于是轻易拿下了采石。晋王杨广驻军六合镇桃叶山。

2. 庚午,贺若弼攻拔京口,执南徐州刺史黄恪。弼军令严肃,秋毫不犯，有军士于民间酤酒者，弼立斩之。所俘获六千余人，弼皆释之，给粮劳遣，付以敕书，令分道宣谕。于是所至风靡。

译文

初六，贺若弼率军攻克京口，俘获陈朝南徐州刺史黄恪。贺若弼军纪严明，丝毫不侵犯百姓，有个士兵到百姓家买酒喝，贺若弼立即将他斩首。所俘获的陈朝军队六千余人，贺若弼全部予以释放，还发给粮食，慰劳一番，遣返回乡，并付给他们隋帝的敕书，让他们分道宣传谕令。因此，隋军所到之处，陈朝军队望风溃败。

3. 辛未，韩擒虎进攻姑孰，半日，拔之，执巡及其家口，皋文奏败还。江南父老素闻擒虎威信，来谒军门者昼夜不绝。

译文

初七，韩擒虎进攻姑孰，半天时间就攻克了它，俘获了南豫州代刺史樊巡及其家属，皋文奏大败而回。江南的百姓老早就听说过韩擒虎的威名，前来军营谒见拜访的人昼夜不绝。

4. 于是贺若弼自北道，韩擒虎自南道并进。缘江诸戍，望风尽走；弼分兵断曲阿之冲而入。

译文

就这样，贺若弼率军北自京口，韩擒虎率军南自姑孰，齐头并进。陈朝沿江的镇戍守军望风而逃；贺若弼分兵占领曲阿，切断了陈朝援军的通道，自率主力进逼建康。

5. 辛未，贺若弼进据钟山，顿白土冈之东。晋王广遣总管杜彦与韩擒虎合军，步骑二万屯于新林。蕲州总管王世积以舟师出九江，破陈将纪瑱于蕲口，陈人大骇，降者相继。晋王广上状，帝大悦，宴赐群臣。

译文

初七，贺若弼率军占领钟山，驻扎在白土冈的东面。晋王杨广派遣总管杜彦和韩擒虎合军，总共有步兵骑兵两万人驻扎在新林。隋蕲州总管王世积率水军从九江出发，在蕲口击败陈将纪瑱，陈朝将士大为惊恐，投降的人接连不断。晋王杨广禀报军情，皇帝非常高兴，宴请和赏赐了文武百官。

6. 时建康甲士尚十余万人，陈主素怯懦，不达军士，唯日夜啼泣，台内处分，一以委施文庆。文庆既知诸将疾己，恐其有功，乃奏曰："此辈怏怏，素不伏官，迫此事机，那可专信！"由是诸将凡有启请，率皆不行。

译文

当时，建康城还有军队十余万人，但是陈后主素来胆怯懦弱，又不懂军事，只是日夜哭泣，台城内所有军国大事，全都交给施文庆处置。施文庆知道众将领都痛恨自己，唯恐他们建立战功，于是上奏说："这些人一向心怀不满，素来不愿服从陛下您，在此危急关头，怎么可以完全信任他们呢？"因此，将帅们凡是有所启奏请求，大多未获批准。

7. 时韩擒虎自新林进军，忠已帅数骑迎降于石子冈。领军蔡徵守朱雀航，闻擒虎将至，众惧而溃。忠引擒虎军直入朱雀门，陈人欲战，忠挥之曰："老夫尚降，诸军何事！"众皆散走。于是城内文武百司皆遁，唯尚书仆射袁宪在殿中，尚书令江总等数人居省中。

译文

当时，韩擒虎从新林进军，任忠已经率领部下数名骑兵在石子冈投降。陈朝领军将军蔡徵驻守朱雀航，听说韩擒虎将到，军心恐慌，大家一哄而散。任忠带领韩擒虎的军队径直进入朱雀门，部分陈朝将士想要抵抗，任忠对他们挥挥手说："连老夫我都投降了，你们还抵抗什么！"于是陈军全都逃散。此时，台城内文武大臣全都已经逃跑，只有尚书仆射袁宪在殿内，尚书令江总等数人在尚书省中。

8. 陈主遑遽，将避匿，宪正色曰："北兵之入，必无所犯。大事如此，陛下去欲安之！臣愿陛下正衣冠，御正殿，依梁武帝见侯景故事。"陈主不从，下榻驰去，曰："锋刃之下，未可交当，吾自有计！"从宫人十余出后堂景阳殿，将自投于井，宪苦谏不从；后阁舍人夏侯公韵以身蔽井，陈主与争，久之，乃得入。既而军人窥井，呼之，不应，欲下石，乃闻叫声；以绳引之，惊其太重，及出，乃与张贵妃、孔贵嫔同束而上。

译文

陈后主惊惧不安，想要躲起来，袁宪严肃地说道："北兵进入皇宫，一定不会侵侮陛下。事情已是这样，陛下还能躲到哪里去？我希望陛下整顿衣服冠冕，端坐正殿，仿照当年梁武帝见侯景的前例。"陈后主没有听从，下榻飞奔而去，说："兵刃之下，可不能贸然抵挡，我自有办法！"于是，带领十余个宫人逃出了后堂景阳殿，就要往井里跳，袁宪苦苦劝谏，陈后主就是不听；后阁舍人夏侯公韵用自己的身体挡住井口，陈后主与他争执了很久才得以跳进井中。不久，隋军兵士向井中窥探，呼喊，无人回答，士兵扬言要往下扔石头，才听到井下有人喊叫；抛下绳索拉人，很奇怪绳索太过沉重，直到人拉上来，才看见是陈后主与张贵妃、孔贵嫔三人同绳而上。

导读

北魏末年，北方六镇兵变，山东、关西等地区动荡不止，有高平镇（治今宁夏固原市）酋长胡琛也率众起义。胡琛死后，其部将万俟（mò qí）丑奴领导义军继续战斗，并于建义元年（528），在高平称帝，声势非常浩大。太原王尔朱荣执掌北魏政柄后，以尔朱天光为都督，率贺拔岳、侯莫陈悦等人，攻灭万俟丑奴，平定了关陇。永安三年（530），尔朱荣被魏孝庄帝诛杀，其部将高欢收编六镇降兵，消灭了尔朱氏的残余势力，贺拔岳在关陇响应，被高欢任命为关西大行台。永熙三年（534），贺拔岳被侯莫陈悦诱杀，众将推举行台左丞相宇文泰统领其部众，击败侯莫陈悦，进占长安，坐拥关中，奠定了后来立国的基础。永熙三年（534），北魏孝武帝元修与高欢公开决裂，西奔长安，依附宇文泰，封宇文泰为大丞相。同年，宇文泰杀魏孝武帝，另立魏孝文帝之孙元宝炬为帝，是为西魏，与高欢所掌控的东魏形成东西对峙局面，双方争战互有胜负。侯景之乱中，西魏乘机攫取了萧梁梁州、益州、襄阳等地，控制了长江上游和汉水。556年，专制西魏朝政二十年的宇文泰辞世，其侄宇文护接掌国政，拥立宇文泰之子宇文觉，正式取代西魏，建立北周。建德元年（572），北周武帝宇文邕（yōng）寻机铲除了权相宇文护，为他两个被害的兄长报了仇，北周政治也从此走上了正轨。宇文邕真正执掌政柄不过六年，但就在这短短的六年时间里，他以霹雳手段改良政治，尤其是被称为“三武一宗灭佛”之一的灭佛事件影响深远，大大增强了北周的国力。建德六年(577),北周大军兵临邺城,灭掉北齐,统一了北方。可惜天不假其年,次年,周武帝因病逝世,享年三十六岁。新即位的周宣帝宇文赟(yūn)荒淫无道,在位仅仅一年即撒手西归。此后,北周政柄落入外戚杨坚手中。开皇元年(581),杨坚废周静帝自立,建立隋朝;开皇九年(589),隋灭南陈,开创了大一统的新局面。古语说:"君子之泽,五世而斩。"(亦说是"三世而斩")遥想当年陈霸先开基创业时是何等英武,再看陈后主(陈叔宝)出降时的熊样,得君如此,岂能不亡!

九、唐纪

玄武门之变

隋炀帝大业十三年(617)五月,太原留守李渊在晋阳起兵,十一月攻占长安,立代王杨侑(yòu)为帝(即隋恭帝),李渊自任大丞相,进封唐王。次年(618)五月,李渊废隋恭帝自立,建立唐朝,以长子李建成为太子,封次子李世民为秦王、第四子李元吉为齐王。秦王李世民长期领兵在外,屡建战功。武德四年(621),虎牢之战中,李世民率领唐军连破窦建德、王世充两股势力,统一了北方。李渊为了表彰他的功绩,在秦王、太尉、司徒兼尚书令之外,又封他为"天策上将",职位在亲王、三公之上,地位仅次于李渊和李建成;又允许他自置官属,这为他网罗人才提供了便利,也使秦王府内人才济济,成为他与太子角逐的重要资本。秦王功勋名望日增,而高祖又颇有"易储"之念,使太子李建成不安,于是,他以立"皇太弟"为诱饵,拉拢齐王李元吉共同对付秦王。于是,在朝中形成秦王党和太子党两派,双方明争暗斗,各不相让。李建成暗中收买秦王宿将尉迟敬德、段志玄等不成,又诬陷秦王府的"智囊"房玄龄和杜如晦,将他们斥逐。秦王心腹唯长孙无忌尚在府中,他与高士廉、侯君集、尉迟恭等人,日夜劝李世民诛杀建成和元吉,李世民犹豫不决。武德九年(626),突厥来侵,李建成奏请让齐王李元吉领兵出征,乘机将秦王帐下的强兵猛将全部抽调走,以削弱其实力。李世民被逼,于是先发制人,于这年六月,在玄武门设伏杀死建成和元吉。李渊只好立李世民为太子，两个月后内禅，李世民登基，是为唐太宗。

原文节选

1. 己未，太白复经天。傅奕密奏："太白见秦分，秦王当有天下。"上以其状授世民。于是世民密奏建成、元吉淫乱后宫，且曰："臣于兄弟无丝毫负，今欲杀臣，似为世充、建德报仇。臣今枉死，永违君亲，魂归地下，实耻见诸贼！"上省之，愕然，报曰："明当鞫（jū）问，汝宜早参。"

译文

［唐高祖武德九年（626），六月］初三，太白星再次经过天空正南方的午位。傅奕秘密上奏说："太白星出现在秦地的分野上，是秦王应当拥有天下的征兆。"皇上将傅奕的密奏给了李世民。于是李世民秘密奏告李建成与李元吉与后宫嫔妃淫乱，还说："我对兄长和弟弟没有丝毫对不起的地方，现在他们想杀死我，好像是在替王世充和窦建德报仇。我现在含冤而死，永远离开父皇，魂魄回到地下，实在是以见到诸贼为耻辱！"皇上看到奏告猛醒，现出惊愕的样子，批复道："明天就审问此事，你应当明日早上前来参见。"

2. 庚申，世民帅长孙无忌等人，伏兵于玄武门。张婕妤窃知世民表意，驰语建成。建成召元吉谋之，元吉曰："宜勒宫府兵，托疾不朝，以观形势。"建成曰："兵备已严，当与弟入参，自问消息。"乃俱入，趣玄武门。上时已召裴寂、萧瑀、陈叔达等，欲按其事。

译文

初四，李世民率领长孙无忌等人入朝，在玄武门埋伏兵力。张婕妤私下了解到李世民密奏的大意，派人骑马疾驰去告诉李建成。李建成召来李元吉商议此事，李元吉说："我们应当统率好东宫与齐王府中的军队，托称有病，不去上朝，以便观察形势。"李建成说："军队的布置防备已经严密了，我与你应入朝参见，亲自探听消息。"于是一起入朝，往玄武门走来。当时，皇上已经召集裴寂、萧瑀(yǔ)、陈叔达等人，准备审理此事了。

3. 建成、元吉至临湖殿，觉变，即跋马东归宫府。世民从而呼之，元吉张弓射世民，再三不彀(gòu)，世民射建成，杀之。尉迟敬德将七十骑继至，左右射元吉坠马。世民马逸入林下，为木枝所絓(guà)，坠不能起。元吉遽至，夺弓将扼之，敬德跃马叱之。元吉步欲趣武德殿，敬德追射，杀之。

译文

李建成与李元吉来到临湖殿，察觉有变，立即勒转马头，打算向东返回东宫和齐王府。李世民跟在后面招呼他们，李元吉搭箭张弓射李世民，一连拉了两三次，都没有将弓拉满。李世民箭射李建成，并将他射杀。尉迟敬德带领骑兵七十人相继赶到，他的随从将李元吉射下马来。李世民的马奔入林中，被树枝挂住，落下马，不能起来。李元吉迅速赶到，夺过弓来，准备掐死李世民，尉迟敬德跃马奔来，大声呵斥他。李元吉打算快步赶到武德殿，尉迟敬德追着射他，并将他射杀。

4. 翊卫车骑将军冯翊冯立，闻建成死，叹曰："岂有生受其恩而死逃其难乎！"乃与副护军薛万彻、屈咥直府左车骑万年谢叔方帅东宫、齐府精兵二千驰趣玄武门。张公谨多力，独闭关以拒之，不得入。云麾将军敬君弘掌宿卫兵，屯玄武门，挺身出战，所亲止之曰："事未可知，且徐观变，俟兵集，成列而战，未晚也。”君弘不从，与中郎将吕世衡大呼而进，皆死之。君弘，显儁之曾孙也。守门兵与万彻等力战良久，万彻鼓噪欲攻秦府，将士大惧；尉迟敬德持建成、元吉首示之，宫府兵遂溃。万彻与数十骑亡入终南山。冯立既杀敬君弘，谓其徒曰：“亦足以少报太子矣！”遂解兵，逃于野。

译文

翊卫车骑将军冯翊、冯立听到李建成已死的消息，感叹地说：“怎么能够在人家活着时蒙受他的恩惠，死了便逃避他的祸难呢！”于是，与副护军薛万彻、屈咥直府左车骑万年人谢叔方率领东宫和齐王府的两千精兵，骑马奔赴玄武门。张公谨力大，一个人关闭了大门，阻挡住冯立等人，他们无法进入。云麾将军敬君弘掌管着宿卫军，驻扎在玄武门，他挺身出战，身边亲近的人阻止他说：“事情的发展如何还不可知，姑且慢慢观察事态的变化，等到兵力聚集，再结阵出战不迟。”敬君弘不听，与中郎将吕世衡大喊着向前进攻，结果全部战死。敬君弘是敬显儁的曾孙。把守玄武门的士兵与薛万彻等人奋力交战很久，薛万彻擂着鼓，呼喊着，准备进攻秦王府，将士们大为恐惧；尉迟敬德提着李建成和李元吉的头颅，给薛万彻等人看，东宫和齐王府的人马立刻就溃散了。薛万彻与数十骑兵逃进了终南山。冯立杀死敬君弘以后，对他手下人说：“这也足够稍微报答太子了。”于是，解散军队，逃向郊野。

5. 上方泛舟海池，世民使尉迟敬德入宿卫，敬德擐（huàn）甲持矛，直至上所。上大惊，问曰：“今日乱者谁邪？卿来此何为？”对曰：“秦王以太子、齐王作乱，举兵诛之，恐惊动陛下，遣臣宿卫。”上谓裴寂等曰：“不图今日乃见此事，当如之何？”萧瑀、陈叔达曰：“建成、元吉本不预义谋，又无功于天下，疾秦王功高望重，共为奸谋。今秦王已讨而诛之，秦王功盖宇宙，率土归心，陛下若处以元良，委之国事，无复事矣！”上曰：“善！此吾之夙心也。”时宿卫及秦府兵与二宫左右战犹未已，敬德请降手敕，令诸军并受秦王处分，上从之。天策府司马宇文士及自东上阁门出宣敕，众然后定。上又使黄门侍郎裴矩至东宫晓谕诸将卒，皆罢散。上乃召世民，抚之曰：“近日以来，几有投杼之惑。”世民跪而吮上乳，号恸久之。

译文

皇上正在海池划船，李世民派尉迟敬德入宫担任警卫，尉迟敬德身披铠甲，手握长矛，径直来到皇上所在的住所。皇上大为震惊，问道：“今天是谁作乱？你到这里来做什么？”尉迟敬德回答说：“由于太子和齐王作乱，秦王起兵诛杀了他们，秦王担心惊动陛下，便派我来值宿护卫。”皇上对裴寂等人说：“不料今天竟然见到这种事情，该怎么办呢？”萧瑀和陈叔达说：“李建成与李元吉本来就没有参与反隋的谋议，对天下又没有建立功劳，他们嫉妒秦王功勋大、威望高，一起策划邪恶的阴谋。现在，秦王已经讨伐并诛杀了他们，秦王的功劳布满天下，全国民众都归心于他，陛下若能立他为太子，把国事都托付于他，就不会再有事端了。”皇上说：“好！这也是我一直以来的心愿啊。”当时，宿卫军、秦王府的兵马与东宫以及齐王府的手下还在交战，尉迟敬德请求皇上颁布亲笔敕令，命令各军由秦王来处置，皇上同意了。天策府司马宇文士及由东上阁门出来宣布敕令，兵众们然后才安定下来。皇上又派黄门侍郎裴矩前往东宫晓谕将领兵卒，将卒们也都弃职离开了。皇上于是召李世民前来，抚慰他说：“近些日子以来，我几乎有曾母误信曾参杀人而丢下织具逃走的疑惑。”李世民跪了下来，伏在皇上胸前，像吸吮乳一样，放声痛哭了很久。

6. 癸亥，立世民为皇太子。又诏：“自今军国庶事，无大小悉委太子处决，然后闻奏。”

译文

初七，立李世民为皇太子，又下诏书说：“从今以后，各项军国事务，无论大小，都委任太子来处理决断，然后再报告朕。”

7. 癸亥，制传位于太子；太子固辞，不许。甲子，太宗即皇帝位于东宫显德殿，赦天下；关内及蒲、芮、虞、泰、陕、鼎六州免二年租调，自余给复一年。

译文

（八月）初八，颁下制书，将皇位传给太子李世民；太子李世民极力推辞，没有许可。初九，太宗在东宫显德殿即皇帝位，大赦天下；关内地区以及蒲州、芮州、虞州、泰州、陕州、鼎州六地免除租调两年，其余各地免除徭役一年。

导读

隋文帝开皇九年(589)，隋灭南陈，天下统一。《资治通鉴》以这一年作为隋纪的开端，接续陈纪来记事。隋朝与秦朝有很多相似之处，它们都是在历经数百年严重分裂之后建立的大一统王朝，在制度建设方面有许多开创性的成就，对后世产生了深远的影响。尤其值得一提的是，隋代确立的三省六部制和科举制，影响中国长达一千三百年之久，直到清末才被废止。但这两个朝代的国祚都很短，秦朝享国只有十五年，隋朝享国仅三十八年，其中的缘由，前面已经分析过，因大乱之后，还会有余波涌动，所以，它们虽然终结了先前的分裂，但充其量只不过是后来大一统的预演罢了。隋文帝杨坚得位虽然不正,但他治理天下还是很不错的。他雄才大略,规划宏远,一些举措"有卓然出于后世者"。如果其继任者不乱来,假以时日,待人心慢慢沉静下来,国家能实现长治久安也未可知。然而隋炀帝杨广自登基以来,一味地折腾,不恤民力,修建大运河,营建宫室苑囿,徭役繁重;又连年用兵,亲征吐谷浑,三征高句丽,死伤枕藉,老百姓怨声载道,人心浮动,纷纷揭竿起义就在情理之中了;统治集团内部的野心家们也乘机分裂割据,占地称雄,最终酿成一场全国性的大动荡。大业十三年(617),太原留守李渊见天下乱象已成,遂从太原起兵,攻占长安,拥立代王杨侑为帝,遥尊远在江都(今江苏扬州市)的隋炀帝为太上皇。次年(618),隋炀帝在江都被哗变的禁军杀死,李渊于是废隋恭帝杨侑自立,建立唐朝,年号武德。在太原起兵以及后来削平群雄征战四方的过程中,李渊次子秦王李世民功勋卓著,威望日隆,对太子李建成构成很大的威胁。李建成于是拉拢四弟即齐王李元吉,与李世民相倾轧。由于高祖李渊处置失当,使两派矛盾升级,以致兵戎相见,酿成血溅玄武门的惨剧。通过玄武门之变,李世民杀死李建成和李元吉,夺得储位,不久接受李渊内禅,登基称帝,改元贞观。唐太宗李世民是我国历史上有名的英主,在位二十四年,经其苦心经营,出现了"贞观之治"的盛况。他以自己的实际行动证明,玄武门之变是有价值的。

扬州兵变

则天皇后光宅元年(684),当时武氏家族掌权,唐王族人人自危,大家心中悲愤惋惜。有眉州刺史英公李敬业和他的弟弟盩厔(zhōu zhì)令李敬猷、给事中唐之奇、长安主簿骆宾王、詹事司直杜求仁都因事获罪,聚集于扬州,各自因为失去官职心怀不满,便以恢复庐陵王的帝位为借口,阴谋作乱。魏思温充当谋主,他指使监察御史薛仲璋要求奉命出使江都,然后让雍州人韦超到薛仲璋处报告,说:“扬州长史陈敬之阴谋造反。”薛仲璋于是逮捕陈敬之入狱。几天后,李敬业谎称是扬州司马来扬州赴任,说:“奉太后密旨,因高州酋长冯子猷谋反,要发兵讨伐。”于是开府库,命扬州士曹参军李宗臣到铸钱工厂,驱赶囚徒、工匠数百人,发给他们盔甲。将陈敬之在监狱斩首,录事参军孙处行抗拒,也被斩首示众,扬州官吏再没有敢反抗的。于是征发一州的兵马,又使用中宗的年号嗣圣元年,设置匡复府、英公府、扬州大都督府等三个府署。李敬业自称匡复府上将,领扬州大都督,以唐之奇、杜求仁为左右长史,李宗臣、薛仲璋为左右司马,魏思温为军师,骆宾王为记室,十来日便聚集士兵十余万人,发布檄文到各州县。九月甲申,唐朝任命左玉钤卫大将军李孝逸为扬州道大总管,领兵三十万,任命将军李知十、马敬臣为他的副职,讨伐李敬业。李敬业没有一鼓作气渡过淮河直捣洛阳,而是听信薛仲璋“金陵有王气”之说,欲取金陵以图霸业,所以士卒离心,起事仅两个月就败亡了。

原文节选

1. 魏思温说李敬业曰:“明公以匡复为辞,宜帅大众鼓行而进,直指洛阳,则天下知公志在勤王,四面响应矣。”薛仲璋曰:“金陵有王气,且大江天险,足以为固,不如先取常、润,为定霸之基,然后北向以图中原,进无不利,退有所归,此良策也!”思温曰:“山东豪杰以武氏专制,愤惋不平,闻公举事,皆自蒸麦饭为粮,伸锄为兵,以俟南军之至。不乘此势以立大功,乃更蓄缩,自谋巢穴,远近闻之,其谁不解体!”敬业不从,使唐之奇守江都,将兵渡江攻润州。思温谓杜求仁曰:“兵势合则强,分则弱,敬业不并力渡淮,收山东之众以取洛阳,败在眼中矣!”

译文

魏思温劝李敬业说："明公以匡复大唐天下为借口，应该率领大军击鼓前进，直指东都洛阳，那么天下人知道您的志向是勤王，四面八方都会响应。"薛仲璋说："金陵有王者之气，又有长江天险，足以进行固守，不如先夺取常州和润州（治今江苏镇江市），作为奠定霸业的基础，然后再向北以图谋进攻中原，这样，进无不利，退有归宿，这才是良策。"魏思温说："崤山以东的豪杰因为武氏专制，内心愤怒哀惋，心中不平，听说您起事，都自觉地蒸麦饭为干粮，拿起锄头为兵器，以等待南军的到来。不乘此机会建立大功，反而藏蓄收缩起来，自行谋求营造巢穴，远近的人听了，还有谁不会自行解散呢！"李敬业不听，派唐之奇留守江都，自己率兵渡过长江，攻打润州。魏思温对杜求仁说："兵力合并就势强，分散则势弱，敬业不集中力量渡过淮河，收合崤山以东的部众攻取洛阳，失败就在眼前啊！"

2. 丁酉，追削李敬业祖考官爵，发冢斫棺，复姓徐氏。

译文

（十月）十九日，下令追削李敬业已故祖父和父亲的官职爵位，并挖掘墓冢，砍斫棺木，恢复其徐氏本姓。

3. 徐敬业闻李孝逸将至，自润州回军拒之，屯高邮之下阿溪；使徐敬猷逼淮阴，别将韦超、尉迟昭屯都梁山。

译文

徐敬业听说李孝逸即将到来，就从润州调回军队加以抵抗，屯驻在高邮境内的下阿溪；派徐敬猷进逼淮阴，另派别将韦超、尉迟昭驻守都梁山（在今江苏盱眙县东南）。

4. 李孝逸军至临淮，偏将雷仁智与敬业战，不利，孝逸惧，按兵不进。殿中侍御史魏元忠谓孝逸曰："天下安危，在兹一举。四方承平日久，忽闻狂狡，注心倾耳以俟其诛。今大军久留不进，远近失望，万一朝廷更命他将以代将军，将军何辞以逃逗挠之罪乎！"孝逸乃引军而前。壬寅，马敬臣击斩尉迟昭于都梁山。

译文

李孝逸的大军来到临淮，偏将雷仁智与徐敬业交战，结果失利，李孝逸害怕了，约束部众不敢前进。殿中侍御史魏元忠对李孝逸说："天下安危，在此一举。天下安定的日子已长，现在忽然听说有此狂妄狡诈之徒，大家都很关注，倾耳而听，等待他们被诛灭。现在您却让大军久久逗留不进，远近的人都很失望，万一朝廷另外任命其他将领代替将军您，那时您用什么借口以逃避逗留阻挠大军前进的罪责呢！"李孝逸只好领军前进。二十四日，马敬臣在都梁山发动攻击，斩杀了尉迟昭。

5. 十一月，辛亥，以左鹰扬大将军黑齿常之为江南道大总管，讨敬业。

译文

十一月，初四，任命左鹰扬大将军黑齿常之为江南道大总管，讨伐徐敬业。

6. 韦超拥众据都梁山，诸将皆曰："超凭险自固，士无所施其勇，骑无所展其足；且穷寇死战，攻之多杀士卒，不如分兵守之，大军直趣江都，覆其巢穴。”支度使薛克杨曰：“超虽据险，其众非多。今多留兵则前军势分，少留兵则终为后患，不如先击之，其势必举，举都梁，则淮阴、高邮望风瓦解矣！”魏元忠请先击徐敬猷，诸将曰：“不如先攻敬业，敬业败，则敬猷不战自擒矣。若击敬猷，则敬业引兵救之，是腹背受敌也。”元忠曰：“不然。贼之精兵，尽在下阿，乌合而来，利在一决，万一失利，大事去矣！敬猷出于博徒，不习军事，其众单弱，人情易摇，大军临之，驻马可克。敬业虽欲救之，计程必不能及。我克敬猷，乘胜而进，虽有韩、白不能当其锋矣！今不先取弱者而遽攻其强，非计也。”孝逸从之，引兵击超，超夜遁；进击敬猷，敬猷脱身走。

译文

韦超带领部众据守都梁山，唐军将领们都说：“韦超凭借险要地形固守，我军士兵无法发挥勇力，骑兵也无法发力奔驰；而且韦超部卒已经走投无路，一定会拼死抵抗，强攻则士卒伤亡会很大，不如留部分兵力围困这里，大军直指江都，摧毁徐敬业的巢穴。”支度使薛克杨说：“韦超虽然据有险要，兵力却不多。留兵围困，留得多则前军力量分散，留得少则终归是个后患，不如先进攻他，势必能攻下，攻下都梁山之后，淮阴、高邮之敌就会望风瓦解！”魏元忠请求先进击徐敬猷，诸将说：“不如先攻徐敬业，徐敬业一败，徐敬猷就可不战而擒。若是进攻徐敬猷，则徐敬业派兵来救，我们就会腹背受敌。”魏元忠说：“不对。贼人的精兵集中在下阿溪，这伙乌合之众，若一战获胜，就会士气高昂，只要一战失利，便大势已去，只有灭亡！徐敬猷出身于赌徒，不懂行军作战，兵力又单薄，军心容易动摇，以我们的大军进攻，短时间就可以攻下。那时徐敬业虽想救他，计算日程，他一定赶不上。我军攻克了徐敬猷，乘胜进击，即使是韩信、白起也不能抵挡我军的锋芒。如今不先攻取弱者而急着去攻强者，不是上策。”李孝逸听从他的意见,领兵进攻韦超,韦超连夜逃遁;进攻徐敬猷,徐敬猷抽身就逃了。

7. 孝逸等诸军继至,战数不利。孝逸惧,欲引退,魏元忠与行军管记刘知柔言于孝逸曰:“风顺荻干,此火攻之利。”固请决战。敬业置陈既久,士卒多疲倦顾望,阵不能整;孝逸进击之,因风纵火,敬业大败,斩首七千级,溺死者不可胜纪。敬业等轻骑走入江都,挈妻子奔润州,将入海奔高丽;孝逸进屯江都,分遣诸将追之。乙丑,敬业至海陵界,阻风,其将王那相斩敬业、敬猷及骆宾王首来降。余党唐之奇、魏思温皆捕得,传首神都,扬、润、楚三州平。

译文

李孝逸等人的军队相继到达,交战数次都失利了。李孝逸畏惧,想要率兵撤退,魏元忠与行军管记刘知柔对李孝逸说:“风势很顺,芦荻干枯,这种情况对火攻有利。”再三请求决一死战。徐敬业布阵已久,士卒多疲倦观望,所以阵形无法整顿好;李孝逸进击,乘着风势放火,徐敬业大败,被斩首七千个首级,淹死的人不计其数。徐敬业等轻装骑马逃入江都,带着妻子儿女奔向润州,准备从海路逃往高丽;李孝逸进驻江都,分别派遣各将领追击徐敬业。十八日,徐敬业到达海陵(今江苏泰州市)地界,被大风阻止,他的部将王那相砍下徐敬业、徐敬猷和骆宾王的首级前来投降。余党唐之奇、魏思温都被捕获,斩下首级送往神都(今河南洛阳市)。扬、润、楚三州都平定了。

导读

在我国历史上,一代女皇武则天可称得上是空前绝后,她的一生颇富传奇色彩。据说,她十四岁入后宫做了唐太宗的才人;贞观二十三年(649),太宗驾崩后,因为没有子女,她只能去感业寺当尼姑;三年后,她再次入宫做了唐高宗的昭仪(二人在这之前就关系暧昧),并打败萧淑妃和王皇后,获得高宗的宠爱。但在高宗准备废掉王氏立武氏为后的时候,长孙无忌、褚遂良等元老重臣强烈反对。高宗欲借此事打压关陇贵族的气焰,与长孙无忌等在朝堂相持近一年不下,终因元老李勣(jì)作出了支持高宗的关键表态"此陛下家事,何必更问外人!"而一锤定音,褚遂良、长孙无忌等人则被放逐,下场悲惨。自显庆末年以降,高宗常常被头疼病所困扰,就让武后代为处理朝政,也让她逐渐掌控了朝政,待高宗发觉大权旁落而欲废后的时候,已是无能为力。麟德元年(664),武后与高宗一同临朝听政,合称"二圣"。上元元年(674),高宗改称天皇,武后则称天后。弘道元年(683)年底,高宗驾崩,太子李显即位,是为唐中宗,尊武后为皇太后。因中宗无人君之威,在位数月,武后就将他废黜为庐陵王,放逐到房州(治今湖北房县),并改立第四子豫王李旦为帝,改元光宅。实际上,唐睿宗李旦不过是个傀儡,武后以太后身份临朝称制,大权独揽。当时,诸武用事,唐室岌岌可危。同年(684)九月,李敬业等在扬州起兵讨伐武后。李敬业是英国公李勣之孙,李勣原名徐世勣,字懋功,唐高祖赐他姓李,后来因避唐太宗李世民的名讳,改名为李勣;因敬业造反,武后就追削了他的祖父和父亲的官职封爵,掘墓开棺,并恢复了他的本姓,故称徐敬业。徐敬业以匡复唐室相号召,势力发展得很快,"旬日间得胜兵十余万",如果他能采纳魏思温的建议,率大众鼓行而进,直指洛阳,则成败尚未可知。可他听信薛仲璋"金陵有王气"之言,欲取金陵以图霸业,所以士卒离心,起事仅两个月就败亡了。此后,武后进一步剪除唐宗室,诛戮李氏诸王殆尽;公元690年,正式改唐为周,改元天授,自号圣神皇帝。

武周酷吏

自从徐敬业反叛后，武则天疑心天下人多想算计她，又因自己长期专制国政，操行又不端，知道皇族大臣对她心怀不满，就想大加杀戮以威慑他们。于是，大开告密之门，有告密的人，臣下不得过问，并提供驿站的马匹，供应五品官标准的伙食，送往武则天的住地。即使是农夫或打柴人，都蒙召见，由客馆供给食宿，所说的事若是符合旨意，就破格授官，与事实不符，也不问罪。于是，四方告密的人群起而至，人们都吓得不敢迈步、出声。有个胡人名叫索元礼，知道武则天的心思，因告密被召见，提拔为游击将军，武则天命令他查办奉诏令特设的监狱里的囚犯。索元礼性情残忍，讯问一人必让他牵扯上几十上百人。武则天多次召见赏赐他，以扩大他的威权。于是，尚书都事长安人周兴、万年人来俊臣之流争相仿效，纷纷而起。周兴连续升官至秋官侍郎，来俊臣连续升官至御史中丞。他们私下豢养数百无赖，专门从事告密的活动。来俊臣还和司刑评事洛阳人万国俊一起撰写了一部《罗织经》，告诉手下如何搜罗无辜者的言行，编成谋反罪状，捏造安排得像真有其事一样。周兴与索元礼、来俊臣竞相施行暴虐，周兴、索元礼各杀数千人，来俊臣毁灭一千多家。武则天宠爱信任他们，朝廷内外却畏惧这几个人胜于虎狼。武则天知道天下人憎恨他们，加上自己的目的已经达到，就杀了他们，以抚慰人们的怨恨情绪。

原文节选

1. 俊臣与司刑评事洛阳万国俊共撰《罗织经》数千言，教其徒网罗无辜，织成反状，构造布置，皆有支节。太后得告密者，辄令元礼等推之，竞为讯囚酷法，有“定百脉”“突地吼”“死猪愁”“求破家”“反是实”等名号。或以椽关手足而转之，谓之“凤皇晒翅”；或以物绊其腰，引枷向前，谓之“驴驹拔撅”；或使跪捧枷，累甓（pì）其上，谓之“仙人献果”；或使立高木，引枷尾向后，谓之“玉女登梯”；或倒悬石缒（zhuì）其首，或以醋灌鼻，或以铁圈毂（xuè）其首而加楔，至有脑裂髓出者。每得囚，辄先陈其械具以示之，皆战栗流汗，望风自诬。每有赦令，俊臣辄令狱卒先杀重囚，然后宣示。太后以为忠，益宠任之。中外畏此数人，甚于虎狼。

译文

［垂拱二年(686)］来俊臣与司刑评事洛阳人万国俊一起撰写了《罗织经》，共有几千字，教唆他们党徒搜罗无罪人的言行，编造成谋反的罪状，加以虚构伪造、安排设置，使罪状都变成有枝有节。太后得到告密的案件，就命索元礼等人审讯。他们争相设计审问囚徒的残酷办法，有“定百脉”“突地吼”“死猪愁”“求破家”“反是实”等各种名称。或用椽子牵引手脚而旋转，叫作“凤凰晒翅”；或用东西缠绕腰部，将枷向前拉，叫作“驴驹拔撅”；或让人跪着捧枷，在枷上叠砖，叫作“仙人献果”；或让人站在高木桩上，将枷向后拉，叫作“玉女登梯”；或将人倒吊，在脑袋上挂石头，或用醋灌鼻孔，或用铁圈紧束脑袋，加上木楔，以至于有脑袋裂开、脑浆外流的。每次抓到囚犯，就先陈列刑具让囚徒观看，囚徒们都颤抖流汗，很快就自认有罪。每当要颁赦免令了，来俊臣就命令狱卒先杀死重要囚犯，然后宣布赦令。太后认为他们忠诚，更加宠爱信任他们。朝廷内外畏惧这几个人，胜过虎狼。

2. 或告文昌右丞周兴与丘神勣通谋，太后命来俊臣鞫之。俊臣与兴方推事对食，谓兴曰：“囚多不承，当为何法？”兴曰：“此甚易耳！

取大瓮，以炭四周炙之，令囚入中，何事不承！”俊臣乃索大瓮，火围如兴法，因起谓兴曰：“有内状推兄，请兄入此瓮！”兴惶恐叩头伏罪。法当死，太后原之，二月，流兴岭南，在道，为仇家所杀。

译文

［天授二年(691)］有人告发文昌右丞周兴与丘神勣串通谋反，太后命来俊臣审问他。来俊臣与周兴审案后一起吃饭，来俊臣对周兴说：“囚犯多不认罪，应当采用什么办法呢？”周兴说：“这很容易！拿一个大缸，用木炭在缸的四周烤炙，让囚犯进入缸中，还有什么事不招认的！”来俊臣便找来大缸，依照周兴所说的那样在四周用炭火烤，然后，站起来对周兴说：“朝廷有宫内文书要审问老兄，请老兄进这大缸吧！”周兴害怕得叩头认罪。依法应判他死罪，但太后原谅了他，二月，把周兴流放到岭南，在途中他就被仇家杀死。

3. 兴与索元礼、来俊臣竞为暴刻，兴、元礼所杀各数千人，俊臣所破千余家。元礼残酷尤甚，太后亦杀之以慰人望。

译文

周兴与索元礼、来俊臣争着表现残酷、苛刻，周兴、索元礼所杀的各有几千人，来俊臣所破毁的家庭有一千多家。索元礼的残酷尤其厉害，太后也把他杀了，以抚慰人们的怨恨情绪。

4. 太后自垂拱以来，任用残酷的官吏，先诛唐宗室贵戚数百人，次及大臣数百家，其刺史、郎将以下，不可胜数。每除一官，户婢窃相谓曰：“鬼朴又来矣。”不旬月，辄遭掩捕、族诛。监察御史朝邑严善思，公直敢言。时告密者不可胜数，太后亦厌其烦，命善思按问，引虚伏罪者八百五十余人。罗织之党为之不振，乃相与构陷善思，坐流驩州。太后知其枉，寻复召为浑仪监丞。善思名撰，以字行。

译文

太后自垂拱年间以来，任用残酷的官吏，首先诛杀唐朝宗室、贵戚几百人，然后杀大臣几百家，至于刺史、郎将以下官吏就更不可胜数。每任命一名官吏，宫中守门的婢女便私下互相说道："挨刀的又来了。"不到十来天，这些官吏就遭逮捕、全族被杀。监察御史朝邑人严善思，公正耿直，敢于说话。当时，告密的人多到数不清，太后也厌倦了太过烦琐的告密，命令严善思查问，查出因诬告服罪的竟达八百五十余人。罗织罪名害百姓的那帮家伙因此遭到打击，他们便共同诬陷严善思，严善思因此获罪，被流放到驩州（治今越南荣市）。太后知道他冤枉，不久又召他回来任浑仪监丞。严善思名叫撰，以表字行于世。

5. 司仆少卿来俊臣倚势贪淫，士民妻妾有美者，百方取之；或使人罗告其罪，矫称敕以取其妻，前后罗织诛人，不可胜计。自宰相以下，籍其姓名而取之。自言才比石勒。监察御史李昭德素恶俊臣，又尝庭辱秋官侍郎皇甫文备，二人共诬昭德谋反，下狱。

译文

司仆少卿来俊臣倚仗权势，肆欲淫佚，朝士庶民的妻妾有漂亮的，总千方百计地夺取过来；或指使人捏造他们的罪名，然后假传旨意来提取他们的妻妾，前前后后被罗织罪名所杀的人多得不计其数。从宰相以下，他登记姓名依次夺取他们的妻妾。他自称才能可比石勒。监察御史李昭德一向憎恶来俊臣，又曾经在朝堂上当众侮辱秋官侍郎皇甫文备，这二人便一起诬告李昭德谋反，把他关进监狱。

6. 俊臣欲罗告武氏诸王及太平公主，又欲诬皇嗣及庐陵王与南北牙同反，冀因此盗国权，河东人卫遂忠告之。诸武及太平公主恐惧，共发其罪，系狱，有司处以极刑。太后欲赦之，奏上三日，不出。王及善曰："俊臣凶狡贪暴，国之元恶，不去之，必动摇朝廷。"太后游苑中，吉顼执辔，太后问以外事，对曰："外人唯怪来俊臣奏不下。"太后曰："俊臣有功于国，朕方思之。"顼曰："于安远告虺贞反，既而果反，今止为成州司马。俊臣聚结不逞，诬构良善，赃贿如山，冤魂塞路，国之贼也，何足惜哉！"太后乃下其奏。

译文

来俊臣想罗织罪名诬告武氏诸王及太平公主，又想诬告皇太子及庐陵王与南北衙禁卫军一同谋反，希望借此窃取国家权力。河东人卫遂忠告发了他。武氏诸王及太平公主恐惧，共同揭发他的罪行，并将他关进监狱，审判官判处他死刑。太后想赦免他，处死的奏章送上去过了三天仍不批下。王及善说："来俊臣凶恶奸猾贪吝残暴，是国家的元凶，不除去他，一定会危害朝廷。"太后到宫廷园林游玩，吉顼为她牵马，太后询问他宫外的事情，他回答说："外边的人只奇怪处死来俊臣的奏章没有批下来。"太后说："来俊臣对国家有功，我正在考虑这事。"吉顼说："于安远告发虺贞谋反，不久果然反叛，现在只做了成州司马。来俊臣聚集为非作歹之徒，诬陷好人，贪赃受贿的财物堆积如山，被他冤枉而死的鬼魂满路。他是危害国家的奸贼，有什么值得怜惜的！"太后于是批准处死他。

7. 丁卯，昭德、俊臣同弃市，时人无不痛昭德而快俊臣……太后知天下恶之，乃下制数其罪恶，且曰："宜加赤族之诛，以雪苍生之愤，可准法籍没其家。”士民皆相贺于路曰：“自今眠者背始帖席矣。”

译文

初三，李昭德、来俊臣一同在闹市被处死并暴尸，当时，人们都痛惜李昭德，却为来俊臣被处死而拍手称快……太后知道天下人憎恨他，就降诏书指责他的罪恶，并说：“应该诛灭他全族，以昭雪民众的愤恨，可依法查抄他的家产。”朝士庶民在路上相见时，都互相庆贺说：“从今天起，大家睡觉背部总算可以贴着席子安卧了。”

导读

在我国历史上，以太后身份临朝称制、主宰朝政的女主也不在少数，但真正登基称帝的只有武则天一个，故而也是空前绝后的。中国在传统上是个男权社会，女性地位在整体上是不高的。唐朝妇女的地位虽然相对较高，但要想凌驾于男性之上，也是困难重重。武则天当时遭遇到的阻力是可想而知的，因此，她不得不玩了些手腕，运用权术，重用索元礼、周兴、来俊臣等酷吏，以严刑峻法来维护她的统治。但她也擢拔、重用了像狄仁杰、张柬之、姚崇等有才干之士，政治还算清明，因此国家虽有折腾，而元气并未损伤。她称帝十五年，实际执掌政柄近半个世纪。国家在她的治理之下，国势继续发展，到她的孙子李隆基(即玄宗)执政时，唐朝乃臻于极盛，这与她奠定的基础是分不开的。但她身处尴尬之境，有一个悖论难以克服，那就是如果立自己的侄儿武三思为继承人，她作为姑母，在武氏宗庙中并无她的容身之地；如果立自己的儿子做继承人，则“武周”名号实在无存在的必要。因此，她登基称帝，充其量不过是“过一把瘾”的“闹剧”。也正是因为这样，当神龙元年(705)正月，宰相张柬之发动“神龙革命”，迎中宗李显复辟，一是因为武则天当时确实病笃；二来也是她顺水推舟，懒得再作计较。否则，以她的铁腕，区区几百人，能掀起多大的风浪？退位之后，武则天很快就病逝了，享年八十二岁。

禄山奸佞

安禄山本是营州柳城（今辽宁朝阳市）的杂胡，为人狡猾，能揣摩人的心思。营州都督张守珪很喜欢他，收他为养子，累迁至平卢讨击使、左骁卫将军。唐玄宗开元二十四年（736），张守珪派安禄山讨伐反叛的奚与契丹。安禄山逞勇恃强，冒险轻敌，打了败仗。张守珪上奏请求杀了安禄山。临刑时，安禄山大声喊道："张大夫，你难道不想消灭奚与契丹吗？为何要杀掉我安禄山！"张守珪不忍心，便送他到京师。唐玄宗因为爱惜安禄山的才能，敕令免去其官，成为无官职的将领。宰相张九龄观安禄山面貌有反相，认为不杀必有后患。而玄宗最终还是赦免了安禄山。安禄山性格巧诈，善于讨人喜欢，所以人们都称赞他。到开元二十九年（741），安禄山已经升任平卢兵马使。唐玄宗身边的人到了平卢，安禄山都用重金收买他们。因此，唐玄宗更加认为他是贤能之士。御史中丞张利贞为河北采访使，到了平卢，安禄山刻意逢迎，以至张利贞左右的人都受了他的贿赂。张利贞入朝上奏，尽力说安禄山的好话。同年八月，玄宗任命安禄山为营州都督，兼平卢军使，两蕃、渤海、黑水四府经略使。天宝元年（742），分平卢另为节度镇，又任命安禄山为节度使。天宝三载（744），又任命安禄山兼任范阳节度使。礼部尚书席建侯为河北黜陟使，称赞安禄山公正无私，李林甫、裴宽也都顺旨意称颂安禄山。这三个人都是唐玄宗所信任的臣子，于是，安禄山愈加受到唐玄宗的宠信，地位稳固而不可动摇。

原文节选

1. 戊寅，以范阳、平卢节度使安禄山兼御史大夫。禄山体充肥，腹垂过膝，尝自称腹重三百斤。外若痴直，内实狡黠。常令其将刘骆谷留京师诇(xiòng)朝廷指趣，动静皆报之；或应有笺表者，骆谷即为代作通之。岁献俘虏、杂畜、奇禽、异兽、珍玩之物，不绝于路，郡县疲于递运。

译文

［天宝六载(747)，正月］初二，任命范阳、平卢节度使安禄山兼御史大夫。安禄山身体肥胖，大腹便便垂过膝盖，曾自称腹重三百斤。他外表看似老实，实际上内心非常狡猾。曾令部将刘骆谷留在京师刺探朝廷的动向，一有动静就向他报告；如有事要向皇上奏表，刘骆谷就替他代写上奏。安禄山每年都向朝廷奉献俘虏、牲畜、奇禽、异兽和珍宝玩物等，一路不绝，以至沿途郡县都因转运这些东西而搞得疲惫不堪。

2. 禄山在上前，应对敏给，杂以诙谐，上尝戏指其腹曰："此胡腹中何所有，其大乃尔！"对曰："更无余物，正有赤心耳！"上悦。又尝命见太子，禄山不拜。左右趣之拜，禄山拱立曰："臣胡人，不习朝仪，不知太子者何官？"上曰："此储君也，朕千秋万岁后，代朕君汝者也。"禄山曰："臣愚，向者惟知有陛下一人，不知乃更有储君。"不得已，然后拜。上以为信然，益爱之。上尝宴勤政楼，百官列坐楼下，独为禄山于御座东间设金鸡障，置榻使坐其前，仍命卷帘以示荣宠。命杨铦、杨锜、贵妃三姊皆与禄山叙兄弟。禄山得出入禁中，因请为贵妃儿。上与贵妃共坐，禄山先拜贵妃。上问何故，对曰："胡人先母而后父。"上悦。

译文

安禄山在皇上面前应对敏捷，常常还夹杂着一些诙谐幽默的言语，皇上曾经开玩笑指着安禄山的肚子说："你这个胡人的肚子中有些什么东西，竟然这么大！"安禄山回答说："没有多余的东西，只有对陛下的一片赤心！"皇上听后，十分高兴。皇上又曾让安禄山去见太子，安禄山见后不拜。左右的人催促他拜，安禄山拱手站立着说："我是胡人，不熟悉朝廷中的礼仪，不知道太子是什么官？"皇上说："太子就是将来的皇上，朕去世之后，代朕做君王统治你的就是他。"安禄山说："我愚蠢浅陋，过去只知有陛下一人，不知还有太子。"不得已，然后才拜。皇上以为他诚实可信，更加喜爱他。皇上曾在勤政楼设宴，百官都坐在楼下，却单独为安禄山于自己的座位东边设置了画金鸡的障子，设了坐榻，使安禄山坐在前面，并叫他卷起帘子以示荣耀和尊宠。又命杨铦、杨锜、贵妃三姊妹都与安禄山行兄弟之礼。安禄山得以出入宫中，便乘机奏请做杨贵妃的儿子。皇上与杨贵妃一起坐时，安禄山先拜杨贵妃。皇上问他为什么先拜贵妃，安禄山回答说："我们胡人的礼节是先拜母亲而后拜父亲。"皇上听后，十分高兴。

3. 上命有司为安禄山治第于亲仁坊，敕令但穷壮丽，不限财力。既成，具幄帟（yì）器皿，充牣其中。有帖白檀床二，皆长丈，阔六尺；银平脱屏风，帐方丈六尺；于厨厩之物皆饰以金银，金饭罂二，银淘盆二，皆受五斗，织银丝筐及笊（zhào）篱各一；他物称是。虽禁中服御之物，殆不及也。上每令中使为禄山护役，筑第及造储偫（zhì）赐物，常戒之曰："胡眼大，勿令笑我。"

译文

［天宝十载（751），正月］皇上命令有关部门为安禄山在亲仁坊

建造宅第，并下敕书说不管耗费多少钱财，越壮丽越好。宅第建成以后，又装饰了各种幄帐，放置了许多日用器物，以至都放满了宅屋。其中，有贴白玉的檀木床两张，都是一丈长，六尺宽；用银平脱工艺制成的屏风一个，一丈六尺见方；厨房和马厩中所用的物品也都用金银装饰，其中有金饭罂两个、银淘米盆两个，都能一次盛放五斗米，还有织银丝筐和笊篱各一个；其他器物全都与上述物件相称。就是皇宫中所使用的器物，大概都比不上吧。皇上每次命令宫中使者替安禄山监工，在建造宅第和制作屋中所用的器物时，皇上常常告诫他们说："胡人眼界比较高，不要让他笑话我小气。"

4. 禄山入新第，置酒，乞降墨敕请宰相至第。是日，上欲于楼下击球，遽为罢戏，命宰相赴之。日遣诸杨与之选胜游宴，侑以梨园教坊乐。上每食一物稍美，或后苑校猎获鲜禽，辄遣中使走马赐之，络绎于路。

译文

安禄山住进新建的宅第后，设置酒宴，并请求皇上下墨敕请宰相至宅第赴宴。这一天，皇上本想在楼下击球，却立刻取消了游戏，命令宰相前往赴宴。每天派遣杨家的人和安禄山一起选择风景优美的地方游玩宴饮，并让梨园弟子演奏教坊音乐为他们助兴。皇上每吃到一种鲜美的食物，或者在后苑中猎获了鲜禽，都要派宫中使者骑马赐给安禄山，以至道路上来往的马匹络绎不绝。

5. 甲辰，禄山生日，上及贵妃赐衣服、宝器、酒馔甚厚。后三日，召禄山入禁中，贵妃以锦绣为大襁褓，裹禄山，使宫人以彩舆舁（yú）之。上闻后宫欢笑，问其故，左右以贵妃三日洗禄儿对。上自往观之，喜，赐贵妃洗儿金银钱，复厚赐禄山，尽欢而罢。自是禄山出入宫掖不禁，或与贵妃对食，或通宵不出，颇有丑声闻于外，上亦不疑也。

译文

二十日，是安禄山生日，皇上和杨贵妃赏赐给安禄山许多衣服、珍宝器物以及丰盛的酒菜食物。过了三天，又把安禄山召进宫中，杨贵妃用锦绣做成的大襁褓裹住安禄山，让宫女用彩轿抬起。皇上听到后宫中的欢声笑语，就问是在干什么，左右的人说是贵妃为儿子安禄山洗三日澡。皇上亲自去观看，十分高兴，赏赐给杨贵妃洗儿金银钱，又重赏安禄山，尽兴而散。从此，安禄山可以自由出入宫中，不加禁止，有时与杨贵妃对坐吃饭，有时通宵也不出宫，有不少丑闻传到外面，皇上也不起疑心。

导读

安史之乱，不仅是唐朝由盛转衰的转折点，甚至也是中国由中古进入近古时期的一道分水岭，接下来的几篇选文都是关涉它的。由于武则天的示范作用，唐中宗李显复辟之后，又有中宗的皇后韦氏、妹妹太平公主、女儿安乐公主跃跃欲试，妄图效法武则天，把持朝政，使政局动荡不安。景龙四年(710)，中宗驾崩，韦皇后立少帝李重茂，自己临朝摄政。太平公主和相王李旦之子、临淄王李隆基联合发动政变，杀死韦后和安乐公主等，迎李旦复位，是为唐睿宗。先天元年(712)，太子李隆基接受睿宗内禅，即位，是为唐玄宗，也称为唐明皇。次年，太平公主因涉嫌谋反被处死，玄宗的地位从此稳固下来。他选贤用能，改良政治，天下大治，唐朝国势臻于极盛，史称“开元之治”或“开元盛世”。古语说：“靡不有初，鲜克有终。”意思是说，人们在开始时通常都表现不错，却很少有人能够善始善终。在我国历史上，唐玄宗也算是一位贤明的君主，在其前期尤为英明神武，可惜晚节不保。大致以开元二十五年(737)为界,可将玄宗统治分为前后两期。开元二十五年,唐玄宗最宠爱的武惠妃去世,在短暂的消沉之后,杨玉环开始进入他的视野。杨玉环本是玄宗之子寿王李瑁的妃子,玄宗后来将她强纳过来,封为贵妃,极度宠爱。"从此君王不早朝",玄宗将政事交予宰相打理,自己则耽于逸乐。玄宗前期,所任用的姚崇、宋璟、张说、韩休、张九龄等人,都是名相,故天下大治。开元二十四年(736),李林甫接替张九龄为相,此人口蜜腹剑,是阴险狡诈之徒。他担任宰相长达十九年,是个使唐朝由盛转衰的关键人物。唐朝有"出将入相"的传统,即边将功勋卓著者可入朝为相。李林甫为巩固其地位,以胡人勇猛而无士族背景为由,建议玄宗重用胡人为将,因为胡人文化水平不高,不可能入朝为相,对他不会构成威胁。于是,边将多用胡人,使安禄山势力坐大,差点倾覆了唐王朝。

范阳起兵

天宝十四载(755),十一月甲子,安禄山以讨伐杨国忠为名,率兵十五万人,在范阳(治今北京)起兵反叛。起初,唐玄宗并不相信,直到六天后(庚午日),玄宗才确信安禄山已反。壬申,玄宗任命封常清为范阳、平卢节度使,封常清当天即乘驿马到东京募兵,准备抵御叛军的进攻。丁丑,玄宗又任命荣王李琬为元帅、高仙芝为副元帅,统帅各路军队东征。十二月丙戌,副元帅高仙芝率军从长安出发。玄宗派宦官边令诚去监军,屯于陕郡。禄山叛军势如破竹,丁亥,从灵昌(今河南滑县西南)渡过黄河,攻陷灵昌郡,进军荥阳。癸巳,叛军攻陷荥阳,遂攻东京(今河南洛阳)。封常清所招募的兵未经训练,不堪一击,自武牢关至葵园,再至上东门,官军迭次败退。丁酉,东京陷落。封常清率领残兵逃到陕郡,与高仙芝退保潼关。临汝、弘农、济阴、濮阳、云中等郡相继落入叛军之手。监军宦官边令诚构陷高仙芝、封常清,玄宗派边令诚斩杀了高、封二人,拜哥舒翰为兵马副元帅,率兵征讨安禄山。至德元载(756)正月,安禄山自封为大燕皇帝。哥舒翰驻守潼关,多次击退叛军。五月,玄宗受杨国忠挑唆,多次催促哥舒翰出战。哥舒翰不得已,于丙戌率兵出关,遇伏,官军惨败,潼关失守,哥舒翰被番将捆绑后,投降了叛军,河东、华阴(治今陕西华县)、冯(píng)翊(治今陕西大荔)、上洛(治今陕西商州市)等郡相继陷落。乙未,玄宗携杨贵妃姊妹、皇子、皇妃、公主、皇孙及杨国忠等大臣西逃。丙申,来到马嵬驿,随从将士发生哗变,诛杀杨国忠等,逼迫玄宗缢杀了杨贵妃。玄宗一行迤逦前往巴蜀,太子李亨则留下来,收兵于灵武(治今宁夏灵武市西南)。七月,李亨于灵武城南楼即帝位,是为唐肃宗,遥尊玄宗为太上皇,改元至德。

原文节选

1. 安禄山专制三道,阴蓄异志,殆将十年,以上待之厚,欲俟上晏驾然后作乱。会杨国忠与禄山不相悦,屡言禄山且反,上不听;国忠数以事激之,欲其速反以取信于上。禄山由是决意遽反,独与孔目官、太仆丞严庄、掌书记、屯田员外郎高尚、将军阿史那承庆密谋,自余将佐皆莫之知,但怪其自八月以来,屡飨士卒,秣马厉兵而已。会有奏事官自京师还,禄山诈为敕书,悉召诸将示之曰:"有密旨,令禄山将兵入朝讨杨国忠,诸君宜即从军。"众愕然相顾,莫敢异言。十一月,甲子,禄山发所部兵及同罗、奚、契丹、室韦凡十五万众,号二十万,反于范阳。命范阳节度副使贾循守范阳,平卢节度副使吕知诲守平卢,别将高秀岩守大同;诸将皆引兵夜发。

译文

安禄山一人控制着范阳、平卢、河东三道,暗藏异心,将近十年,因为皇上待他优厚，想等皇上死后再造反。恰逢杨国忠与安禄山不和，多次说安禄山要反叛，皇上不听信；杨国忠多次以事激怒安禄山，想让他尽快反叛以取信于皇上。安禄山因此决意反叛，他单独与孔目官、太仆丞严庄和掌书记、屯田员外郎高尚以及将军阿史那承庆等人密谋，其他将领都不知道这件事，他们只是觉得奇怪，从八月份以来，安禄山就多次犒劳士卒，秣马厉兵而已。这时，有入朝奏事的官员从京师回来，安禄山就假造皇上的敕书，把将领都召集起来，拿敕书给他们看，说："皇上秘密下诏，让我率兵入朝讨伐杨国忠，诸位将军应当马上从军出征。"众将领十分惊愕，面面相觑，没有一个人敢表示不同的意见。[天宝十四载(755)]十一月，初九，安禄山发动他所统辖的三镇军马及同罗、奚、契丹、室韦兵等共十五万人，号称二十万，在范阳起兵反叛。安禄山命令范阳节度副使贾循留守范阳，平卢节度副使吕知诲留守平卢，别将高秀岩留守大同，其余将领都率兵连夜出发。

2. 诘朝，禄山出蓟城南，大阅誓众，以讨杨国忠为名，榜军中曰："有异议扇动军人者，斩及三族！"于是引兵而南。禄山乘铁轝(yú)，步骑精锐，烟尘千里，鼓噪震地。时海内久承平，百姓累世不识兵革，猝闻范阳兵起，远近震骇。河北皆禄山统内，所过州县，望风瓦解，守令或开门出迎，或弃城窜匿，或为所擒戮，无敢拒之者。禄山先遣将军何千年、高邈将奚骑二十，声言献射生手，乘驿诣太原。乙丑，北京副留守杨光翙(huì)出迎，因劫之以去。太原具言其状。东受降城亦奏禄山反。上犹以为恶禄山者诈为之，未之信也。

译文

第二天早晨，安禄山到蓟城南门，隆重地检阅誓师，以讨伐杨国忠为名，出榜告示军中说："有胆敢持不同意见、煽动军心的，斩杀他的三族！”于是率兵向南进发。安禄山乘坐铁车，步兵骑兵非常精锐，路上的烟尘飞扬千里，鼓角声、呼喊声震动天地。当时，国内安定了很长时间，老百姓好几代人都没经历过战事，忽然听说范阳起兵，远近震动惊骇。河北地区都在安禄山的辖境内，叛军经过的州县望风瓦解，郡守与县令有的开门出迎，有的弃城逃窜，有的被叛军擒获杀害，没有人敢抵抗。安禄山先派将军何千年与高邈率领奚族骑兵二十人，声称是向朝廷进献射生手，乘驿马到太原。初十，北京副留守杨光翙出城迎接，被顺势劫持而去。太原向朝廷报告了这一情况。东受降城也上奏说安禄山反叛。皇上还认为是讨厌安禄山的人捏造事实，不愿相信此事。

3. 壬申，以常清为范阳、平卢节度使。常清即日乘驿诣东京募兵，旬日，得六万人；乃断河阳桥，为守御之备。

译文

十七日，任命封常清为范阳、平卢节度使。封常清当天就乘驿马到东京招募士兵，十天时间就募得六万人；于是砍断河阳桥，作为防守抵御的准备。

4. 丁丑，以荣王琬为元帅，右金吾大将军高仙芝副之，统诸军东征。出内府钱帛，于京师募兵十一万，号曰天武军，旬日而集，皆市井子弟也。十二月，丙戌，高仙芝将飞骑、彍（guō）骑及新募兵、边兵在京师者合五万人，发长安。上遣宦者监门将军边令诚监其军，屯于陕。

译文

二十二日，任命荣王李琬为元帅，右金吾大将军高仙芝为副元帅，统率各路军队东征。又拿出内府中的钱财布帛，在京师招募士兵十一万人，号称天武军，十来天就集中起来，都是些市井子弟。十二月，初一，高仙芝率领飞骑、彍骑及招募的新兵，再加上留在京师的边兵共五万人，从长安出发。皇上派宦官监门将军边令诚去监督军队，驻扎在陕郡。

5. 丁亥，安禄山自灵昌渡河，以絙（gēng）约败船及草木横绝河流，一夕，冰合如浮梁，遂陷灵昌郡。禄山步骑散漫，人莫知其数，所过残灭。张介然至陈留才数日，禄山至，授兵登城，众恟惧，不能守。庚寅，太守郭纳以城降。

译文

初二，安禄山从灵昌渡过黄河，用粗大的绳索把破旧的船只和草木连接起来横断河流，一个晚上的时间，冰冻住的船只草木就像浮桥一样，于是，叛军过河攻陷了灵昌郡。安禄山的步兵骑兵散漫混乱，不成队伍，人们不知道他到底有多少兵马，凡是他的军队所经过的地方都遭到残杀毁灭。河南节度使张介然到陈留才几天，叛军就到了，张介然命令士兵登城守卫，士兵纷扰惊恐，不能作战。初五，陈留太守郭纳献城投降。

6. 安禄山引兵向荥阳，太守崔无诐（bì）拒之；士卒乘城者，闻鼓角声，自坠如雨。癸巳，禄山陷荥阳，杀无诐，以其将武令珣守之。禄山声势益张，以其将田承嗣、安忠志、张孝忠为前锋。封常清所募兵皆白徒，未更训练，屯武牢以拒贼；贼以铁骑蹂之，官军大败。常清收余众，战于葵园，又败；战上东门内，又败。丁酉，禄山陷东京，贼鼓噪自四门入，纵兵杀掠。常清战于都亭驿，又败；退守宣仁门，又败；乃自苑西坏墙西走。

译文

安禄山率兵进攻荥阳，太守崔无诐率军拒守；登上城头的士兵听到叛军的鼓角之声，纷纷像下雨一样自行坠落于城下。初八，安禄山攻陷荥阳，杀了崔无诐，让部将武令珣守卫荥阳。安禄山的声势更加浩大，他命令部将田承嗣、安忠志、张孝忠为先锋。封常清所招募的士兵都未经军事训练，屯驻在武牢关以抵御叛军；叛军派精锐的骑兵冲锋，官军大败。封常清收罗残兵，与叛军战于葵园，又被打败；战于上东门内，又战败了。十二日，安禄山攻陷东京洛阳，叛军击鼓喧闹着从四面的城门攻入，纵兵烧杀抢掠。封常清与叛军战于都亭驿，又被打败；退守宣仁门，又失败了；于是就从宫苑西边的坏墙向西逃走。

导读

自高宗、武后以后，均田制渐趋破坏，唐王朝的兵制从府兵的征兵制向募兵制演化；而其对周边游牧民族的军事战略，也由原来的主动出击转变为以防御为主。为了加强边境防卫，提高抗击外敌的能力，唐睿宗景云年间，开始在边境地区设立固定的军政长官——节度使，唐玄宗开元、天宝年间增加到十个，并赋予他们更大的权力。这些节度使集军、民、财三政于一身，而且常常以一人兼统两至三镇，甚至四镇，威权甚重，很容易形成尾大不掉之势，安史之乱爆发和唐末五代分裂割据的根源就在于此。玄宗时期的这十个节度使区中，有两个最为重要：其一就是安禄山的范阳节度使，治幽州；后来他又兼任平卢节度使和河东节度使，拥兵十余万，东、西二京都在他的俯瞰之下。故叛乱爆发后，叛军势如破竹，迅速攻占二京，形成燎原之势，其缘由就在于此。另一个则是王忠嗣的朔方节度使（治灵州，即今宁夏中卫市、中宁以北地区）。王忠嗣是中唐名将，曾经身兼河西、陇右、朔方、河东四个节度使,控制万里,强兵猛将都归其掌握,威震边疆。李林甫对他十分忌惮,千方百计陷害他。天宝六载(747),王忠嗣被撤职查办,但他所经营的朔方节度使区,后来成了太子李亨(即后来的唐肃宗)平叛靖乱的根据地,而忠嗣麾下的哥舒翰、郭子仪、李光弼等诸将,也成为抗击叛军的中流砥柱,尤其是郭、李二人,厥功甚伟。

安史乱平

至德二载(757),正月,安禄山的长子安庆绪弑杀了安禄山,自立为帝。但安庆绪性情昏庸懦弱,大小事情都由严庄决定。二月,唐肃宗到达凤翔,陇右、河西、安西、西域的援兵都来相会,江、淮地区所征收的物资也运到洋川、汉中。谋臣李泌向肃宗建议,先不要急于收复东西二京,而应该先派遣安西及西域兵绕道东北,倾覆叛军老巢范阳。唐肃宗认为那太过迂缓,执意要先取二京。九月,回纥怀仁可汗派他的儿子叶护和将军帝德等,率领精兵四千余人来到凤翔。丁亥,元帅广平王李俶(chù)、副元帅郭子仪集结朔方等各镇兵及回纥、西域各国兵共十五万,从凤翔出发。癸卯,唐军收复西京。十二月,史思明以所部十三郡及兵八万归降唐朝,然而六个月后又再度反叛。乾元元年(758),九月,郭子仪等九节度使率领步、骑兵二十万讨伐安庆绪,史思明发范阳兵十三万救援邺城。乾元二年(759),三月,史思明在邺城大破官军,随后杀了安庆绪,接管了安庆绪所有的兵马和州、县。四月,史思明自称大燕皇帝。九月,叛军再次攻陷洛阳,李光弼移军退守河阳。上元二年(761),三月,史思明长子史朝义弑杀了史思明,自即帝位,但诸将离心,不能为史朝义所用。宝应元年(762),唐玄宗、唐肃宗相继去世,代宗继位。十月,雍王李适与仆固怀恩统领各军节度行营，在陕州会合诸道节度使和回纥军队征讨史朝义。乙亥，仆固怀恩收复东京。十一月，叛将薛嵩、张忠志、田承嗣、李怀仙等相继归降，史朝义走投无路，自杀身亡，安史之乱平息。

原文节选

1. 上问李泌曰："今敌强如此，何时可定？"对曰："臣观贼所获子女金帛，皆输之范阳，此岂有雄据四海之志邪！今独虏将或为之用，中国之人惟高尚等数人，自余皆胁从耳。以臣料之，不过二年，天下无寇矣。"上曰："何故？"对曰："贼之骁将，不过史思明、安守忠、田乾真、张忠志、阿史那承庆等数人而已。今若令李光弼自太原出井陉，郭子仪自冯翊入河东，则思明、忠志不敢离范阳、常山，守忠、乾真不敢离长安，是以两军絷(zhí)其四将也，从禄山者，独承庆耳。愿敕子仪勿取华阴，使两京之道常通，陛下以所征之兵军于扶风，与子仪、光弼互出击之，彼救首则击其尾，救尾则击其首，使贼往来数千里，疲于奔命，我常以逸待劳。贼至则避其锋，去则乘其弊，不攻城，不遏路。来春复命建宁为范阳节度大使，并塞北出，与光弼南北犄(jǐ)角以取范阳，覆其巢穴。贼退则无所归，留则不获安，然后大军四合而攻之，必成擒矣。"上悦。

译文

[至德元载(756)，十二月]皇上问李泌说："现在敌人如此强大，什么时候才能够平定？"李泌回答说："我看到叛贼把抢掠的女人与财物都运往老巢范阳，这哪里是雄踞天下的志向！现在只是那些胡人将领为安禄山卖力，汉人只有高尚等几个人，其余的都不过是被迫胁从。根据我的预料，不出两年，天下就没有贼寇了。"皇上说："什么原因？"李泌回答说："叛军中，勇将不过是史思明、安守忠、田乾真、张忠

志、阿史那承庆等几个人罢了。现在我们如果命令李光弼率兵从太原出井陉关，郭子仪率兵从冯翊进入河东，那么史思明与张忠志就不敢离开范阳与常山（治今河北正定县），安守忠与田乾真就不敢离开长安，这样我们用两支军队拖住了叛军的四员骁将，跟随安禄山的只有阿史那承庆了。希望陛下敕令郭子仪不要攻取华阴，使两京之间的道路畅通，陛下率领所征召的军队驻扎于扶风（治今陕西凤翔县），与郭子仪、李光弼交替出兵攻击叛军。叛军如果救援这头，我们就攻击他们的那头；如果救援那头，我们就攻击这头，使叛军在数千里长的战线上往来，疲于奔命，我军则以逸待劳。叛军如果来交战，就避开他的锋芒，如果要撤退，就乘机攻击，不攻占城池，不切断来往的道路。明年春天再任命建宁王李倓（tán）为范阳节度大使，沿着边塞往北出击，与李光弼形成南北夹击之势，以攻取范阳，倾覆叛军的巢穴。这样，叛军想要撤退则归路已断，要留在两京则不得安宁，然后各路大军四面合击而进攻，就一定能够活捉安禄山。”皇上听后很高兴。

2. 安禄山自起兵以来，目渐昏，至是不复睹物；又病疽，性益躁暴，左右使令，小不如意，动加棰挞，或时杀之。既称帝，深居禁中，大将希得见其面，皆因严庄白事。庄虽贵用事，亦不免棰挞，阉宦李猪儿被挞尤多，左右人不自保。禄山嬖妾段氏，生子庆恩，欲以代庆绪为后。庆绪常惧死，不知所出。庄谓庆绪曰：“事有不得已者，时不可失。”庆绪曰：“兄有所为，敢不敬从。”又谓猪儿曰：“汝前后受挞，宁有数乎！不行大事，死无日矣！”猪儿亦许诺。庄与庆绪夜持兵立帐外，猪儿执刀直入帐中，斫禄山腹。左右惧，不敢动。禄山扪枕旁刀，不获，撼帐竿，曰：“必家贼也。”肠已流出数斗，遂死。掘床下深数尺，以毡裹其尸埋之，诫宫中不得泄。乙卯旦，庄宣言于外，云禄山疾亟。立晋王庆绪为太子，寻即帝位，尊禄山为太上皇，然后发丧。庆绪性昏懦，言辞无序，庄恐众不服，不令见人。庆绪日纵酒为乐，兄事庄，以为御史大夫、冯翊王，事无大小，皆取决焉；厚加诸将官爵以悦其心。

译文

[至德二载(757)，正月]安禄山从起兵反叛以来，视力逐渐下降，到这时已看不清东西，又因为身上长了毒疮，性情更加暴躁，对左右使唤的人，稍不如意就用鞭子抽打，有时干脆杀掉。称帝以后，居于深宫之中，大将难得见他的面，都是通过严庄报告事情。严庄虽然尊贵而有权势，但也免不了被鞭打。宦官李猪儿挨的打尤其多，安禄山左右的人都感到自身难保。安禄山的爱妾段氏生一子名叫庆恩，想要替代安庆绪为太子。所以安庆绪常常害怕被杀死，不知道怎么办才好。严庄对安庆绪说："事情往往有迫不得已的时候，机不可失。"安庆绪说："老兄如果要想有所为，小弟怎么敢不跟从。"严庄又对李猪儿说："你前后挨的毒打难道还有数吗？如果再不干大事，恐怕离死就不远了！"李猪儿也答应一起行动。于是，严庄与安庆绪夜里手持武器立在帐幕外面，李猪儿手执大刀直入帐中，向安禄山的腹部砍去。安禄山左右的人，因为恐惧都不敢动。安禄山用手摸枕旁的刀，没有拿到，于是就用手摇动帐幕的竿子说："这一定是家贼干的。"这时，肠子已流出一大堆，随即死去。严庄等在安禄山的床下挖了数尺深的坑，用毡包裹了安禄山的尸体，埋了进去，并告诫宫中人不得向外泄露消息。初六早晨，严庄向外宣布说安禄山病重，立晋王安庆绪为太子。不久，安庆绪即皇帝位，尊称安禄山为太上皇，然后才发丧。安庆绪性情昏庸懦弱，说话时语无伦次，严庄恐怕众人不服，所以不让安庆绪出来见人。安庆绪每天以饮酒为乐，把严庄当作兄长一样看待，任命他为御史大夫，封冯翊王爵位，大小事情都由严庄决定；并重重地加封诸将的官爵，借以笼络人心。

3. 上至凤翔旬日，陇右、河西、安西、西域之兵皆会，江、淮庸调亦至洋川、汉中。上自散关通表成都，信使骆驿。长安人闻车驾至，从贼中自拔而来者日夜不绝。西师憩息既定，李泌请遣安西及西域之众，如前策并塞东北，自归、檀南取范阳。上曰："今大众已集，庸调亦至，当乘兵锋捣其腹心，而更引兵东北数千里，先取范阳，不亦迂乎？"对曰："今以此众直取两京，必得之。然贼必再强，我必又困，非久安之策。"上曰："何也？"对曰："今所恃者，皆西北守塞及诸胡之兵，性耐寒而畏暑，若乘其新至之锐，攻禄山已老之师，其势必克。两京春气已深，贼收其余众，遁归巢穴，关东地热，官军必困而思归，不可留也。贼休兵秣马，伺官军之去，必复南来，然则征战之势未有涯也。不若先用之于寒乡，除其巢穴，则贼无所归，根本永绝矣。"上曰："朕切于晨昏之恋，不能待此决矣。"

译文

（二月）皇上到达凤翔，十天之内，陇右、河西、安西、西域的援兵都会合起来，江、淮地区所征收的庸调赋税也运到洋川、汉中。皇上从散关送表文到成都，信使来往络绎不绝。长安城中的民众听说皇上驾到，纷纷从叛军的统治下逃出，奔向朝廷，日夜不绝。西边增援的部队已休整充足，李泌请求按原来的战略，派遣安西及西域兵沿着边塞向东北进军，从归州、檀州向南攻取范阳。皇上说："现在大军已集合，庸调赋税也已到达，应该以强兵直捣叛军的腹心，您却要领兵向东北数千里，先攻取范阳，岂不是绕太远了吗？"李泌回答说："现在让大军直接攻取两京，一定能够攻下。但是叛军还会东山再起，我们又会陷入困难的境地，这不是长治久安之策。"皇上说："这是什么缘故？"李泌说："我们现在所依靠的是西北各军镇的守兵以及西域各国的士兵，他们能够忍耐寒冷而害怕暑热，如果借新到之兵的锐气，攻击安禄山已经疲劳的叛军，在形势上一定能战胜。但是两京已到了暮春季节，叛军如果收集残兵，逃回老巢，而关东地区气候炎热，官军必定会由于炎热的气候而想要西归，难以在那里久留。叛军休整兵马，看见官军撤退，一定再次向南方来，这样，与叛军的交战就会无休无止。不如，先向北方寒冷的地区用兵倾覆叛军的巢穴，那样，叛军就会无路可退，可以一举彻底平息叛乱。”皇上说：“朕急于收复两京，迎回太上皇奉养，不能按照你的战略行事。”

导读

阅读这段史事，不禁令人扼腕叹息。如果唐肃宗当初采纳了李泌的平叛方略，安史之乱何至于迁延至八年之久？又何来晚唐及五代的藩镇割据？李泌的战略其实是采取迂回包抄的办法，乘叛军盘踞二京而老巢范阳相对空虚之际，从灵武沿长城往东打，先端掉叛军的老巢范阳，然后南下收复东京洛阳，再举兵向西收复西京长安，就像一个网兜，将叛军一网兜住，干净、彻底地解决叛乱问题。然而肃宗急功近利，只想赶快收复两京以巩固其地位，不能稍待，故反其道而行之，先收复长安，再收复洛阳，虽说短期内成效显著，却留有后患。它实际上是将叛军驱回了河北，叛军遁回河北，使这边的兵力陡增。这里本是他们的老巢，经营了那么多年，原本就不易撼动，现在就更难措手了。后来，叛乱反复，叛军重新攻占洛阳，气焰再度高涨，可以说都是肃宗一手造成的。若不是叛军内部分裂，矛盾重重，官军能否平定叛乱尚不可知。唐代宗广德元年(763)，史朝义自缢身亡，其党羽纷纷投降唐朝，历时八年之久的安史之乱宣告结束。但唐王朝其实并没有也无力彻底消灭叛军的势力，不过是以赏功为名，授李怀仙、李宝臣、田承嗣、薛嵩等节度使称号，由他们分统原来安、史所占之地罢了。与此同时，在平叛的过程中，新崛起的一些军阀，唐王朝也授予他们节度使的称号。于是，节度使遍布全国，他们各专制一方，名义上虽然服从朝廷，实际上并不受朝廷约束，世称藩镇。朝廷对他们只是稍加羁縻而已。这样的状况一直持续到唐朝灭亡。五代十国时期的各割据政权,就是由这些藩镇发展而来。

牛李党争

旧说谓唐宪宗元和三年(808),牛僧孺、李宗闵对策时直言不讳地指陈当时政务的过失,触忤了当时的宰相李吉甫,牛僧孺等人因此长期不得升迁,双方结怨。唐穆宗长庆元年(821),李宗闵已升任中书舍人,李吉甫的儿子李德裕则为翰林学士。李德裕对李宗闵当年指斥他父亲一事依然愤恨,因这年科考不公,李德裕得以倾轧李宗闵等人,致使李宗闵的女婿苏巢等十名新晋进士被罢黜。李宗闵被贬为剑州刺史、杨汝士被贬为开江令。从此以后,李德裕和李宗闵二人各分朋党,互相倾轧。牛党在唐穆宗、唐敬宗两朝颇为得势,李德裕被外放出任浙西观察使,此后八年不得升迁。唐文宗时,两党党争最烈,李德裕和李宗闵各有朋党,相互排挤对方,声援己方。文宗对此很是忧虑,每每感叹:"去河北贼易,去朝廷朋党难!"唐武宗时,李德裕入朝为相。他辅佐武宗,政治上大有起色,牛僧孺和李宗闵则被一贬再贬,牛僧孺直至循州长史,李宗闵则长期流放于封州(治今广东封开县东南)。宣宗即位,厌恶李德裕专权、白敏中执政,趁朝廷上下对李德裕一片愤怒之时,凡以前受李德裕鄙薄的人,都一个接一个地加以重用。李德裕乃由东都留守贬为太子少保、分司东都(闲官),再贬为潮州司马,复贬为崖州司户。大中三年(849),李德裕死于崖州司户任上。

原文节选

1. 三月,壬戌,以僧孺为中书侍郎、同平章事。时僧孺与李德裕皆有入相之望；德裕出为浙西观察使，八年不迁，以为李逢吉排己，引僧孺为相。由是牛、李之怨愈深。

译文

［唐穆宗长庆三年(823)］三月，初七，任命牛僧孺为中书侍郎、同平章事。当时，牛僧孺和李德裕都有入朝任宰相的希望，但李德裕被外放出任浙西观察使，此后八年没有升迁。他认为是宰相李逢吉排挤自己，引荐牛僧孺为宰相。从此，牛李两派的结怨，日益加深。

2. 征浙西观察使李德裕为兵部侍郎，裴度荐以为相。会吏部侍郎李宗闵有宦官之助，甲戌，以宗闵同平章事。

译文

［太和三年(829)，八月］征召任命浙西道观察使李德裕为兵部侍郎，裴度推荐任命他为宰相。恰逢吏部侍郎李宗闵有宦官帮忙，二十七日，李宗闵被任命为同平章事。

3. 壬辰，以李德裕为义成节度使。李宗闵恶其逼己，故出之。

译文

［太和三年(829)，八月］十五日，任命李德裕为义成节度使。宰相李宗闵憎恶李德裕威胁到自己的地位，所以将他外放。

4. 太和四年春，正月，辛巳，武昌节度使牛僧孺入朝。戊子，立子永为鲁王。李宗闵引荐牛僧孺；辛卯，以僧孺为兵部尚书、同平章事。于是二人相与排摈李德裕之党，稍稍逐之。

译文

太和四年(830)春季,正月,初六,武昌节度使牛僧孺回到朝廷。十三日,立皇子李永为鲁王。宰相李宗闵推荐牛僧孺为相;十六日,牛僧孺被任命为兵部尚书、同平章事。于是,二人互相结合排挤李德裕的党羽,逐渐把他们从朝廷中赶走。

5. 九月,吐蕃维州副使悉怛(dá)谋请降,尽帅其众奔成都;德裕遣行维州刺史虞藏俭将兵入据其城。庚申,具奏其状,且言:"欲遣生羌三千,烧十三桥,捣西戎腹心,可洗久耻,是韦皋没身恨不能致者也!"事下尚书省,集百官议,皆请如德裕策。牛僧孺曰:"吐蕃之境,四面各万里,失一维州,未能损其势。比来修好,约罢戍兵,中国御戎,守信为上。彼若来责曰:'何事失信?'养马蔚(yù)茹川,上平凉阪,万骑缀回中,怒气直辞,不三日至咸阳桥。此时西南数千里外,得百维州何所用之!徒弃诚信,有害无利。此匹夫所不为,况天子乎!"上以为然,诏德裕以其城归吐蕃,执悉怛谋及所与偕来者悉归之。吐蕃尽诛之于境上,极其惨酷。德裕由是怨僧孺益深。

译文

[太和五年(831)]九月,吐蕃维州副使悉怛谋请求投降,并率领他的全部人马投奔成都;西川节度使李德裕派代理维州刺史虞藏俭率兵入据维州城(治今四川理县东北)。二十五日,李德裕向朝廷详细奏报了此事,并说:"我打算派遣三千生羌人,焚烧十三桥,直捣西戎的中心地带,以洗刷长久以来的耻辱,这也是西川前节度使韦皋一直未能实现的心愿。"朝廷将他的奏章下发到尚书省,召集百官讨论,百官们都请求批准李德裕的建议。宰相牛僧孺说:"吐蕃国境,四面

各一万里，失去一个维州，对它的国势并无多大损伤。近年来大唐和吐蕃修好，双方约定罢减戍守之兵，我们防御戎族，最好是讲求信任。他们若是派人来责问我们：‘为什么要失信？’并且在蔚茹川蓄养战马，登上平凉地方的山坡，千军万马布置在回中道上，怒气冲冲，据直而言，不用三天，军队就到了咸阳桥头。这时，即使在西南数千里外得到一百个维州，又有什么用呢！李德裕的提议，只能使我国抛弃诚信，有百害而无一利。即使平常百姓都不会这么做，更何况作为天子的陛下您呢！”皇帝认为牛僧孺说得有理，下诏命令李德裕将维州归还吐蕃，还将悉怛谋和他所带来的人都送回去。吐蕃把悉怛谋等人在边境上全部诛杀，手段极其残酷。李德裕由此憎恨牛僧孺更深了。

6. 十一月，乙卯，以荆南节度使段文昌为西川节度使。西川监军王践言入知枢密，数为上言：“缚送悉怛谋以快虏心，绝后来降者，非计也。”上亦悔之，尤中书侍郎、同平章事牛僧孺失策。附李德裕者因言“僧孺与德裕有隙，害其功。”上益疏之。……十二月，乙丑，以僧孺同平章事，充淮南节度使。

译文

［太和六年(832)］十一月，二十七日，任命荆南节度使段文昌为西川节度使。西川监军王践言入朝担任枢密使，多次对皇帝说：“先前我们把吐蕃降将悉怛谋捆绑送还以取得吐蕃的欢心，使得以后再也没人敢来投降，真是失策啊！”皇帝也感到后悔，责怪中书侍郎、同平章事牛僧孺谋划不当。依附李德裕的官员乘机说：“牛僧孺和李德裕有矛盾，所以故意阻碍李德裕立功。”于是，皇帝更加疏远牛僧孺。……十二月，初七，任命牛僧孺以同平章事的头衔，充任淮南节度使。

7. 丁未，以前西川节度使李德裕为兵部尚书。

译文

[太和六年(832),十二月]丁未,任命前西川节度使李德裕为兵部尚书。

8. 丙戌,以兵部尚书李德裕同平章事。德裕入谢,上与之论朋党事,对曰:"方今朝士三分之一为朋党。"时给事中杨虞卿与从兄中书舍人汝士、弟户部郎中汉公、中书舍人张元夫、给事中萧澣等善交结,依附权要,上干执政,下挠有司,为士人求官及科第,无不如志。上闻而恶之,故与德裕言首及之;德裕因得以排其所不悦者。

译文

[太和七年(833),二月]二十八日,任命兵部尚书李德裕为同平章事。李德裕到宫中谢恩,皇帝和他讨论朋党的问题,李德裕说:"现今朝廷中有三分之一的人都有朋党关系。"当时,给事中杨虞卿和他的堂兄中书舍人杨汝士、弟弟户部郎中杨汉公、中书舍人张元夫、给事中萧澣等人关系亲密,依附于权贵,对上面干涉宰相,对下面为难各有关部司,为士子谋求官职和科举中榜及第,无不达到目的。皇帝听到后十分憎恨,所以和李德裕先说起这事;李德裕因此得以借机排挤他所不喜欢的人。

9. 乙亥,以中书侍郎、同平章事李宗闵同平章事、充山南西道节度使。

译文

[太和七年(833),六月]十六日,任命中书侍郎、同平章事李宗

闵以同平章事的头衔，充任山南西道节度使。

10. 九月，辛亥，征昭义节度副使郑注至京师。王守澄、李仲言、郑注皆恶李德裕，以山南西道节度使李宗闵与德裕不相悦，引宗闵以敌之。壬戌，诏征宗闵于兴元。

译文

［太和八年(834)，九月］初三，征召昭义节度副使郑注至京师。王守澄、李仲言、郑注都不喜欢李德裕，因为山南西道节度使李宗闵和李德裕有矛盾，他们就引荐李宗闵来抗衡李德裕。十四日，下诏把李宗闵从山南西道的治所兴元调回朝廷。

11. 庚寅，以李宗闵为中书侍郎、同平章事。甲午，以中书侍郎、同平章事李德裕同平章事，充山南西道节度使。

译文

（十月）十三日，任命李宗闵为中书侍郎、同平章事。十七日，改任命中书侍郎、同平章事李德裕以同平章事头衔，充任山南西道节度使。

12. 时德裕、宗闵各有朋党，互相挤援。上患之，每叹曰："去河北贼易，去朝廷朋党难！"

译文

当时，李德裕和李宗闵各有朋党，相互排挤对方，声援己方。皇帝对此十分忧虑，经常叹息说："去除河北三镇的叛贼容易，去除朝廷的朋党实在困难啊！"

导读

安史之乱后，唐王朝由盛转衰，有三大痼疾伴随着它，国势难以复振，以至于亡。这三大痼疾就是藩镇割据、宦官专权和朋党之争。藩镇割据前文已有所涉及，本篇主要介绍朋党之争。这朋党之争主要是指牛李党争。牛李党争，实际上就是以牛僧孺、李宗闵等为领袖的进士出身的庶族官僚（牛党）与以李德裕等为领袖的门阀士族官僚（李党）之间的权力斗争。南朝的门阀士族经过侯景之乱后，遭到了毁灭性的打击，北朝的门阀士族则保存完好，在隋唐时期得到延续并发展。但自隋代推行科举制以来，越来越多的庶族官僚跻身于统治阶层，在政治舞台上发挥着重要的作用。他们不可避免地同门阀士族官僚产生了矛盾，斗争也不断升级，牛李党争就是这种矛盾和斗争的集中体现。两派互相倾轧，几起几落，斗争甚为酷烈，以至唐文宗有“去河北贼易，去朝廷朋党难”之叹。两派由于出身背景的不同，在对待边患和藩镇等问题上政见不同，彼此有些争执是可以理解的，但后来演变为纯粹的意气之争，凡是对方赞成的必加反对，凡对方反对的必赞成。不过，平心而论，从牛党的政治表现来看，实在是难以让人满意。李党则在整体上较之牛党要好，特别是李德裕本人，历朝历代对他的评价一直很高。李德裕辅佐唐武宗，虽然只有短短的五年时间，却外攘回纥、内平泽潞、裁汰冗官、制驭宦官，使唐王朝一度又呈现出中兴的局面，史称“会昌中兴”。可惜武宗因为服食丹药而英年早逝，宣宗继位，李德裕因位高权重被贬逐为崖州司户，最后死在那里。所谓“会昌中兴”，就如昙花一现。此后，唐朝政治再也不见有什么起色。

甘露之变

太和九年(835)，宦官更加骄横，唐文宗虽外表不露声色，内心却不能容忍。李训揣摩到文宗的心思，乘给文宗讲读经典时多加暗示。文宗觉得李训很有才能，又考虑到他和郑注都是宦官王守澄推荐的，和此二人商议，宦官不会起疑心，便把自己的意图告诉了他们。李训、郑注因此以诛除宦官为己任。二人相互依赖，昼夜商议对策。凡给文宗的建议，文宗无不采纳。文宗采纳李训、郑注的建议，提拔宦官仇士良为左神策军护军中尉，以分割王守澄的权力；九月，又任命王守澄为左、右神策军观军容使，兼十二卫统军，表面上对他表示尊崇，实际上削除了他的兵权，于次月鸩杀了他。李训虽因郑注推荐而获提拔，但他得势之后，对郑注十分妒忌。他建议郑注出任凤翔节度使，以便里应外合诛除宦官，实则想等诛除宦官后，连同郑注也一并铲除。郑注到凤翔后，挑选了几百名壮士，每人携带一根白色的棍棒，怀揣一把利斧，作为亲兵。依照约定，在十一月，戊辰日，王守澄下葬时，由郑注奏请文宗批准率兵护卫葬礼；同时奏请文宗，命神策军护军中尉以下所有宦官都到浐水旁为王守澄送葬。届时，郑注下令关闭墓门，命亲兵用利斧砍杀宦官，全部诛除。计划本已定好，而李训因为忌惮郑注，决定以郭行余和王璠招募的河东兵和邠宁兵，提前六天于壬戌日先行在京城动手，由此发生了“甘露之变”。结果失败，李训逃到终南山，被擒杀送往京城。凤翔监军张仲清亦诛杀了郑注，派人献上其首级，朝廷命挂在兴安门上示众。

原文节选

1. 壬戌，上御紫宸殿。百官班定，韩约不报平安，奏称：“左金吾听事后石榴夜有甘露，臣递门奏讫。”因蹈舞再拜，宰相亦帅百官称贺。训、元舆劝上亲往观之，以承天贶(kuàng)，上许之。百官退，班于含元殿。日加辰，上乘软舆出紫宸门，升含元殿。先命宰相及两省官诣左仗视之，良久而还。训奏：“臣与众人验之，殆非真甘露，未可遽宣布，恐天下称贺。”上曰：“岂有是邪！”顾左、右中尉仇士良、鱼志弘帅诸宦者往视之。宦者既去，训遽召郭行馀、王璠曰：“来受敕旨！”璠股栗不敢前，独行馀拜殿下。时二人部曲数百，皆执兵立丹凤门外，训已先使人召之，令入受敕。独东兵入，邠宁兵竟不至。

译文

[太和九年(835)，十一月]二十一日，皇帝御临紫宸殿。百官列班站定后，左金吾卫大将军韩约不报告平安，奏称：“左金吾政事厅堂后面的石榴树上，昨晚发现有甘露降临，我已通过守卫宫门的宦官向皇上报告。”于是，行舞蹈礼，拜了两拜，称贺，宰相也率领百官祝贺。李训、舒元舆劝说皇帝亲自前往观看，以便承受上天的赐予，皇帝答应了。百官退朝，又到含元殿排列恭候。过了一个时辰，皇帝乘软轿出紫宸门，到含元殿升朝。先命宰相和中书、门下两省的官员到左金吾后院去看甘露，过了很久才回来。李训奏报说：“我和众人查验过了，不像是真的甘露，不可匆忙宣布，否则，全天下的人都会来祝贺。”皇帝说：“怎么会有这种事！”回过头来命左、右神策军护军中尉仇士良、鱼志弘率领宦官们再次前去查看。宦官们刚走，李训立即召来郭行馀、王璠说：“快来接受圣旨！”王璠两腿发抖，不敢上前，只有郭行馀一人拜伏在含元殿下领旨。当时，二人招募的私兵几百人都手执兵器，等候在丹凤门外，李训已经先派人去召他们入殿，接受皇帝诛杀宦官的敕令。结果，只有郭行馀所率河东兵来了，王璠的邠宁兵竟没有来。

2. 仇士良等至左仗视甘露，韩约变色流汗，士良怪之曰："将军何为如是？"俄风吹幕起，见执兵者甚众，又闻兵仗声。士良等惊骇走出，门者欲闭之，士良叱之，关不得上。士良等奔诣上告变。训见之，遽呼金吾卫士曰："来上殿卫乘舆者，人赏钱百缗！"宦者曰："事急矣，请陛下还宫！"即举软舆，迎上扶升舆，决殿后罘罳(fú sī)，疾趋北出。训攀舆呼曰："臣奏事未竟，陛下不可入宫！"金吾兵已登殿；罗立言帅京兆逻卒三百余自东来，李孝本帅御史台从人二百余自西来，皆登殿纵击，宦官流血呼冤，死伤者十余人。乘舆迤逦入宣政门，训攀舆呼益急，上叱之，宦者郗志荣奋拳殴其胸，偃于地。乘舆既入，门随阖，宦者皆呼万岁，百官骇愕散出。

译文

仇士良等宦官到左金吾后院去查看甘露，韩约因为紧张，面色十分难看，流汗不已，仇士良很奇怪，问道："将军为何这样？"不一会儿，风把帐幕吹起，仇士良发现很多手执兵器的士兵，又听到兵器碰撞的声音。仇士良等人大惊，急忙往外跑，守门的人想要关门，被仇士良呵斥，门闩没能闩上。仇士良等人急奔到含元殿，向皇帝报告发生了变故。李训一看见仇士良，急忙招呼金吾卫士兵说："快上殿来保护皇上，每人赏钱百缗！"宦官对皇帝说："事情紧迫，请陛下赶快回宫！"随即抬来软轿，迎上前搀扶皇帝上轿，冲断殿后的丝网，向北急奔而去。李训拉住软轿大声说："我还没奏完事，陛下不要回宫！"这时，金吾卫的士兵已经登上含元殿。罗立言率领京兆府巡逻兵三百多人从东边冲来，李孝本率领御史台随从两百多人从西边冲来，一齐登上含元殿，击杀宦官。宦官流血不止，大声喊冤，死伤了十几个人。皇帝的软轿弯弯曲曲进入宣政门，李训拉住软轿，呼喊得更加急迫。皇帝呵斥李训，宦官郗志荣挥拳奋击李训的胸部，李训被打倒在地。皇帝的软轿进入宣政门后，大门随即关上，宦官们都大呼万岁，等候在含元殿的百官都大惊，四散而走。

3. 士良等命左、右神策副使刘泰伦、魏仲卿等各帅禁兵五百人，露刃出阁门讨贼。王涯等将会食，吏白："有兵自内出，逢人辄杀！"涯等狼狈步走，两省及金吾吏卒千余人填门争出；门寻阖，其不得出者六百余人皆死。士良等分兵闭宫门，索诸司，捕贼党。诸司吏卒及民酤贩在中者皆死，死者又千余人，横尸流血，狼藉涂地，诸司印及图籍、帷幕、器皿俱尽。又遣骑各千余出城追亡者，又遣兵大索城中。

译文

仇士良等人命令左、右神策军副使刘泰伦、魏仲卿等各率五百禁兵，露出兵刃冲出紫宸殿讨伐贼党。王涯等人正准备吃饭，有官吏报告说："有兵从宫内冲出，见人就杀！"王涯等人狼狈出逃，中书、门下两省和金吾卫的官兵一千多人争相往门外逃遁；很快，大门就被关上了，没能逃出的六百多人全被杀死。仇士良等分兵紧闭各宫门，搜查南衙各司衙门，逮捕贼党。各司的官吏、卫卒，以及正在里面贩卖的商贩全都被杀，死者有一千多人，尸体狼藉，血流遍地，各司的大印、地图和户籍档案，衙门的帷幕和办公用具，被捣毁抄掠一空。仇士良等人又各派出一千多骑兵出城追击逃亡的贼党，又派兵在京城大肆搜捕。

4. 左神策出兵三百人，用李训首引王涯、王璠、罗立言、郭行馀；右神策出兵三百人，拥贾悚（sù）、舒元舆、李孝本献于庙社，徇于两市。命百官临视，腰斩于独柳之下，枭其首于兴安门外。亲属无问亲疏皆死，孩稚无遗，妻女不死者没为官婢。百姓观者怨王涯榷茶，或诟詈，或投瓦砾击之。

译文

左神策军出兵三百人，以李训的首级引导王涯、王璠、罗立言和郭行馀；右神策军出兵三百人，押着贾𫗧、舒元舆和李孝本，献祭太庙和太社后，在东、西两市游行。命百官前往观看，在独柳树下，把他们腰斩，首级悬挂在兴安门外示众。李训等人的亲属不管亲疏全部被杀，连小孩也不留下，妻子女儿没死的，籍没为官奴。观看的百姓因怨王涯加重茶税，有的人怒骂他，有的人往他身上投掷瓦片石块。

5. 自是天下事皆决于北司，宰相行文书而已。宦官气益盛，迫胁天子，下视宰相，陵暴朝士如草芥。

译文

从这时起，国家大事都由北司的宦官决定，宰相只是在文书上签名罢了。宦官的气势越来越大，逼迫威胁皇上，看不起宰相，对朝廷士大夫如同草芥一般任意欺压和凌辱。

导读

在我国历史上，以东汉、唐代和明代三朝的宦官为祸最烈，但其间缘由各有不同。东汉的宦官专权乃是由外戚专权衍生而成，宦官因帮助皇帝对抗外戚而攫得权力，把持政柄；明代则主要是因为宦官掌握了奏章文书的批红权，由此而攫得了部分宰相之权。这二者都是因为皇帝过于宠信，予以威权，以至于此。皇帝如真心想惩治他们，一纸诏书、一批狱吏就能办到。唐代的宦官却不一样，他们手握兵权，掌管着禁军，这就不是一纸诏书所能解决的了。正所谓“冰冻三尺，非一日之寒”，大臣杀害君王，子辈杀害父辈，都不是一朝一夕的事，而是渐变而来的。唐朝宦官介入政治，始于玄宗时期，高力士受玄宗宠信，权倾朝野。由于高力士为人细心谨慎，并无大的过失，对玄宗也忠心耿耿，因而造成的危害不大。局面失控始于唐肃宗时期，宦官李辅国以东宫旧属助肃宗收兵灵武，参与军谋，开始掌握兵权，肃宗视他为心腹，把军政大事都委托于他。可他一旦大权在握，便不受制约。上元元年(760)，李辅国强行把太上皇(玄宗)迁居到西内，致使其后来忧郁而死；宝应元年(762)，他又带兵在肃宗病榻前抓捕张皇后，致使肃宗因受惊吓而驾崩；他随即斩杀了张皇后及越王李系，拥戴太子李豫即位，是为代宗。代宗时期，宦官实力进一步发展，程元振、鱼朝恩相继用事，尤其是鱼朝恩开了宦官掌管禁军的先河。广德元年(763)，吐蕃军进逼京师，唐代宗狼狈逃往陕州。当时，禁军离散，鱼朝恩率陕州驻军及神策军奉迎代宗。神策军本为西北戍边部队，此役后，鱼朝恩率领此军归京师，正式成了天子禁军。建中四年(783)，泾原兵变后，德宗对外臣诸将更加猜忌，进一步重用宦官，命宦官窦文场、霍仙鸣分领左右神策军，从此，宦官典掌禁军成为定制；以此为基础，宦官权焰日炽，逼宫弑帝，无所不为。可见，这种局面的形成，由来已久，难以遽改。唐文宗所任用的李训和郑注，本来就是小人，持身不正，这就注定他们的图谋要以失败收场。自甘露之变后，宦官为患已深入骨髓，如同附骨之疽，很难根治，以至于亡。唐末，宰相崔胤假手朱温尽诛宦官韩全诲等，为祸百余年的宦官势力彻底覆灭，而朱温遂劫持昭宗，最终代唐自立，建立后梁，是为五代的开始。

图书在版编目(CIP)数据

资治通鉴:精读本/伍成泉编著. —长沙:岳麓书社,2020.4
ISBN 978-7-5538-0784-3

Ⅰ.①资… Ⅱ.①伍… Ⅲ.①中国历史—古代史—编年体
②《资治通鉴》—注释 Ⅳ.①K204.3

中国版本图书馆 CIP 数据核字(2020)第 032185 号

ZIZHI TONGJIAN(JINGDU BEN)

资治通鉴(精读本)

编　　著:伍成泉
策　　划:蔡　晟
责任编辑:王　彦
责任校对:舒　舍
封面设计:山和水

岳麓书社出版发行
地址:湖南省长沙市爱民路 47 号
直销电话:0731-88804152　0731-88885616
邮编:410006
岳麓书社网址:www.yueluhistory.com

2020 年 4 月第 1 版第 1 次印刷
开本:890mm×1240mm　1/32
印张:7
字数:161 千字
印数:1—3 000
ISBN 978-7-5538-0784-3
定价:25.00 元

承印:长沙鸿和印务有限公司

如有印装质量问题,请与本社印务部联系
电话:0731-88884129